東京おいしい店
カタログ

朝日新聞出版

目次

東京23区早わかりMAP　4

本書の使い方　6

CHAPTER 1 あの人の行きつけ 7

東京を知り尽くした食ツウがリアルに通う店

1. 小説家　角田光代さん　8
2. ミュージシャン　小宮山雄飛さん　12
3. 文筆家・エッセイスト　甲斐みのりさん　16

001 ↓ 009

CHAPTER 2 東京の最旬！ 21

最新の食カルチャーをキャッチアップ

011 ↓ 037

CHAPTER 3 何食べる？ ジャンル別 51

気分に合わせて、よりどりみどり

039 ↓ 138

酔わなくても十分楽しめる！
ノンアル派のためのバー　186

新たな"おいしい"に出合える
最新都市型マーケットに潜入　208

ホームパーティーに最適！
家で楽しむグルメな手土産　226

COVER：喫茶you

CHAPTER 4 カフェとスイーツ
お茶と甘いものでひと息つきましょう

151

140 → 189

CHAPTER 5 エリア別さんぽ
おいしいものを求めて憧れのまちへ

187

191 → 212

CHAPTER 6 テーマで選ぶ
グルメの楽しみ方は無限大！

209

214 → 235

巻末付録
東京駅グルメ案内 227

INDEX 236

食通の胃袋をつかんで離さない		
日本一のそぼろ弁当の秘密		20
世界に誇る日本酒が勢揃い		
羽田空港に角打ちが出現！		050
人気ベーカリーの仕掛け人に聞く		
愛される店づくりとは？		150

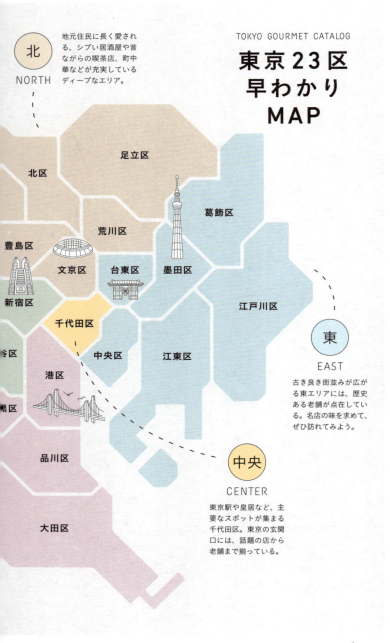

TOKYO GOURMET CATALOG

東京23区
早わかり
MAP

北 / NORTH

地元住民に長く愛される、シブい居酒屋や昔ながらの喫茶店、町中華などが充実しているディープなエリア。

東 / EAST

古き良き街並みが広がる東エリアには、歴史ある老舗が点在している。名店の味を求めて、ぜひ訪れてみよう。

中央 / CENTER

東京駅や皇居など、主要なスポットが集まる千代田区。東京の玄関口には、話題の店から老舗まで揃っている。

お店の場所は
Googleマイマップ でチェック!

各所に名店が散らばる東京。
ひと目でエリアを把握できるように
東京駅がある千代田区を中心として、
東西南北に分類しました。

→ 本書掲載の全店を表示できます
→ 現在地から近くのお店を探せます
→ 行きたいお店へのアクセスを簡単に検索できます

下記のQRコードを
読み込んで
ご覧ください

『東京おいしい店カタログ』
Googleマイマップ

※店名に付いているアイコンは、誌面に記載しているお店の通し番号です
※Googleマイマップの開き方、見え方は機種により異なります
※QRコードは株式会社デンソーウェーブの登録商標です

板橋[
練馬区
中野
杉並区
世田谷区

西
WEST

最先端のトレンドグルメから、住宅街にある隠れた名店まで守備範囲が広いエリア。散策しながら満喫したい。

南
SOUTH

オフィス街が多い南エリアは、ランチのお店の宝庫。一方で、ハレの日に使いたい上質なレストランも粒揃い。

本書の使い方

- 本書は、厳選した東京のグルメを、新しい店・ジャンル別・カフェ＆スイーツ・エリア別・テーマ別に分けて紹介しています。目次を参照して、目的のグルメのページを開いてみてください。

- 料金は全て税込みで記載しています。

- 定休日は、原則としてGW、お盆、年末年始を除く定休日のみ表示しています。詳細は各店舗にお問い合わせください。

❶ 店名
料理が食べられるお店を表記。

❷ 店舗情報
上から電話番号、予約可否、席数、住所、営業時間、定休日、アクセスを記載。

❸ 店舗アイコン
- 🚉 駅近（10分以内）
- 🍷 お酒が飲める
- ☀ 良い眺め（川沿い、高層階から景色を一望できるなどロケーションを楽しめる）
- 🚪 個室がある
- 🏛 老舗店（創業100年以上）

❹ MAP
QRコードを読み込むと、店の詳細な位置がGoogle Map上で確認できます

※本書に掲載したデータは2024年7月の取材調査に基づくものです。店舗や商品の詳細については変更になる場合がありますので、あらかじめご確認ください。

※本書に掲載された内容による損害等は弊社では補償しかねますので、あらかじめご了承ください。

あの人の行きつけ

CHAPTER 1

001 ▷ 009

小説家
角田光代さん ‥‥‥‥008

ミュージシャン
小宮山雄飛さん ‥‥‥012

文筆家・エッセイスト
甲斐みのりさん ‥‥‥016

あの人の行きつけ 1

小説家 角田光代 さん

現代に生きる人々の人間模様をテーマにした作品で、数々の賞を受賞している角田さん。今回ご紹介いただいたのは、作り手の魅力が伝わる料理を提供する、3つのお店です。

MITSUYO KAKUTA

横浜生まれ。1990年『幸福な遊戯』(角川書店)で海燕新人文学賞を受賞しデビュー。2005年『対岸の彼女』(文藝春秋)で直木賞を受賞。2007年『八日目の蝉』(中央公論新社)で中央公論文芸賞を受賞。ほか著書多数。

料理はすべてコース(6600円〜)から。1. 大豆を使用した、優しい甘みのコングクス(スープ) 2. 旬野菜のナムル

角田さんの行きつけ 1

Onggi

西荻窪にある小ぢんまりとした韓国料理店。店主のカンさんが目指すのは、今までの「辛くて刺激的な料理」というイメージを覆す、新しい韓国料理だ。旬の野菜をたっぷり使ったコース料理で、そのなんとも滋味深い味わいに心身ともに元気になれる。角田さんが「ナムル観をくつがえされる」と評するナムルは、白ウリや茎ワカメ、ズッキーニなど7種ほどの旬菜を使い、野菜のおいしさを引き出したひと皿。テンジャン(味噌)が添えられ、少しずつ混ぜていただくのもおすすめだ。

008

とうもろこしのチヂミ。弱火でじっくり火を入れ、外はサクッと中はもっちりした食感

韓国料理の新時代がここから始まる

野菜中心、和の食材も取り入れた、本当においしい韓国料理です。音楽と韓国ドラマにくわしい店主のカンさんとのおしゃべりも楽しみのひとつです。

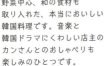

photo：垂見健吾

4. 料理の所作が見られるカウンター席とテーブル席を備える
5. 店主のカン・グヌさん。2024年夏に初のレシピ本『ブデごはん』（幻冬舎コミックス）を出版

角田光代さん

西 オンギ　📞03-6883-3268〈予約可〉　🪑10席

杉並区西荻南3-19-13／17:00〜23:00／
火曜、不定休／JR西荻窪駅南口から徒歩5分

MAP

009

> 友人に連れて行ってもらい感動しました。オーソドックスな餃子も季節の野菜入りもあり、身体の中からきれいになるような餃子です。

1. 奥から吉春餃子836円、夏胡瓜と木耳の水餃子990円。各5個入り（写真は各2人前） 2. ゴマや花椒、ネギが入った吉春特製タレのよだれ鶏770円 3. 麺点師の資格をもつ姉の千恵子さんが餃子を包み、弟の隆一さんが茹で・焼きを担当している

ひと口ごとに胸を打つ妥協なき餃子

角田さんの行きつけ 2

手作り餃子の店
吉春

中国吉林省出身の吉村千恵子さん・隆一さん姉弟が熟練の技で作り上げる餃子は、皮からすべて手作り。鮮度を保つため、餡を作る直前に粗めに挽くという米沢豚とキャベツ、ニラが入った定番餃子から、季節の野菜を使う餃子も好評だ。食材から作り方まで細部にこだわった餃子は、またすぐにでも食べたくなる魅力が詰まっている。

西 てづくりぎょうざのみせ よしはる　042-426-8153〈予約可〉　10席

調布市国領町8-1-14／17:00〜22:00(LO21:15)／火曜休（祝日の場合は翌日）／京王線国領駅から徒歩8分

MAP

010

角田さんの行きつけ 3

馬記 蒙古肉餅

羊を愛する人のための本格モンゴル料理

「満席でも日本語が聞こえてこないときがあります」と角田さんが言うように、世界各国の人々が本場のモンゴル料理目当てに訪れる名店。角田さんが推す「蒙古肉餅」は、羊肉をクミン、コショウ、ショウガなどで味付けし、ネギを加えた餡を生地で挟んだ内モンゴルの家庭料理。シンプルながらあとを引くおいしさだ。

1. 奥から、一度煮てから蒸したラムを自家製のチリソースやニラ味噌をつけていただく手抓羊肉3080円、蒙古肉餅1枚600円 **2.** 肉餅の中の肉は羊と牛から選べる **3.** 内モンゴル出身の店主夫妻が切り盛りする店

羊肉好きの私にとっては羊祭かと思うくらいの羊メニュウがあってうれしい。店名にもなっている羊の肉餅、ラム串がおいしいです。

角田光代さん

西 マーキー モウコロービン　03-6380-3360〈予約可〉　50席

新宿区高田馬場2-14-7 新東ビル5F／11:00～15:00、17:00～23:00／火曜休／JR高田馬場駅早稲田口から徒歩3分

MAP

あの人の行きつけ 2

小宮山雄飛さん（ミュージシャン）

YUHI KOMIYAMA

東京都出身。渋谷区観光大使。ホフディランのVo&Keyとしてデビュー。グルメ全般に精通し、食関連の雑誌連載やカレーのレシピ本出版など、広範囲で活躍。

ミュージシャンのかたわら、グルメ雑誌やTV番組などで活躍し、自らのレシピ本も出版している小宮山さん。数多くのお気に入りの中から厳選した店を、特別にご紹介します！

1. 二代目店主の前谷津功一さん。親子二代で切り盛りしている 2. 新子の握り（時価）。一枚づけと二枚づけの食感の違いも面白い 3. 美しく磨かれたカウンターが出迎える

日本を代表するクリエイティブディレクターの杉山恒太郎さんに「すじこの細巻きをツマミに酒を飲むのがかっこいい大人だ」と教わって以来、必ず頼みます。

小宮山さんの行きつけ 1

初音鮨

1978年の創業以来、地元の人たちに愛されている町鮨。小宮山さんが必ず頼むというすじこの細巻きは、塩気が効いていてお酒のつまみにぴったり。「週末は昼からこちらで飲むことも多く、家族とも友達とも行ける素敵なお店です」（小宮山さん）

ヒノキのカウンターには店主自ら豊洲で目利きした良質なタネが並び、期待が高まる。この日のおすすめは新子の酢締め。個体の特徴を見極めながら締める時間を調整し、絶妙な味加減に仕上げるという。新子は身が小さいため2枚重ねて握るのだが、これはこの時期ならではのスタイル。

012

思わず通いたくなる町鮨の名店

すじこの細巻き1000円〜。すじこの塩気と風味の良い海苔との相性が抜群

小宮山雄飛さん

(西) はつねずし　03-3469-0181〈予約可〉　12席

渋谷区西原3-17-10／
12:00〜14:00、17:00〜22:00／水曜休／
各線代々木上原駅北口1から徒歩2分

MAP

こちらでいただく天ざるは、よくある大きな海老1本ではなく、中くらいのサイズの海老が数本付くのですが、衣とのバランスや揚げ方も見事でおいしいです。

1. 天ざるそば2200円。優しい甘みの海老天はサクサクの食感　2. 老舗の風格が漂う店構え　3. 2011年の改装後も昔と変わらない内観

江戸っ子の粋を感じる蕎麦の老舗

小宮山さんの行きつけ 2

並木藪蕎麦

浅草・雷門にほど近い場所に佇む「並木藪蕎麦」。大正二年の創業から約一世紀続く、日本を代表する蕎麦の名店のひとつだ。濃いめのつゆでいただく十割蕎麦は創業当時から一切変わらない味で、何代にもわたって多くの常連が通う。飾り気のない洗練された店内もまた、老舗の美学を感じさせる空間だ。

(東) なみきやぶそば　☎ 03-3841-1340〈予約不可〉　36席

台東区雷門2-11-9／11:00〜19:30／水・木曜休／
地下鉄浅草駅A4・A5出口から徒歩1分

MAP

014

小宮山さんの行きつけ 3

ハングリータイガー

働く人の胃袋を支える
ボリューム満点のパスタ

小宮山さんが中学生の頃から通っているという老舗イタリアン。直径2.1mmの昔ながらの太麺を使ったパスタはボリューム満点で、ランチタイムには近隣で働く人たちの行列ができる。看板メニューの「ダニエル」は、どこか懐かしい味わいの中に、ガーリックのパンチが効いていて、不思議とまたすぐにでも食べたくなる。

1. ダニエル1200円（ディナー1450円） 2. 魚介の旨味と隠し味の大葉が爽やかなペスカコンバジ1300円（ディナー1650円） 3. 1967年創業。ピザや前菜などのメニューも充実

ペスカトーレにバジリコがたっぷり入った「ペスカコンバジ」は、極太のワイルドなパスタに魚介とニンニクの風味が効いていて、お気に入りです。

小宮山雄飛さん

（南）**ハングリータイガー**
📞 03-3591-7081〈予約可〉　🪑 40席
港区虎ノ門1-11-12／11:30〜14:30（LO14:15）、17:30〜23:00（LO22:15）、土曜11:30〜15:00（LO14:45）／日曜・祝日休／地下鉄虎ノ門駅1番出口から徒歩3分

MAP

015

東京駅方面の席からは、線路を行き交う電車や新幹線を地上50メートルの高さから眺められる

あの人の行きつけ 3

文筆家・エッセイスト
甲斐みのりさん

旅や食べもの、建築についての著書も多い甲斐さん。東京らしい景色を望めるレストランや、まるで映画に出てきそうなバーまで、とっておきを教えていただきました。

MINORI KAI

静岡県生まれ。旅、散歩、お菓子、手みやげ、建築などを主な題材に執筆。著書は『歩いて、食べる 東京のおいしい名建築さんぽ』(エクスナレッジ)、『にっぽん全国おみやげおやつ』(白泉社)など多数。

「東京會舘」の味を、眺めのいい場所で味わえます。「舌平目の洋酒蒸 ボンファム」は、ふっくらした舌平目を芳醇なソースが包み込み、なんとも幸せな味わいです。

甲斐さんの行きつけ 1

東京會舘 銀座スカイラウンジ

1965年のオープン以来、回転レストランとして人気を博した店。東京交通会館の15階にあり、丸の内や銀座、東京駅方面を一望できる。現在、回転は止まっているものの、「長年の間受け継がれてきたクラシックスタイルの伝統料理はどれも絶品」と甲斐さん。お気に入りのひとつ「パフェ マロンシャンテリー」は、70年以上前に誕生した東京會舘伝統のスイーツ「マロンシャンテリー」がパフェになった、銀座スカイラウンジ限定のメニュー。非日常な空間で伝統を感じる味を堪能したい。

016

東京の景色を眺めながら伝統料理に舌鼓

1. パフェ マロンシャンテリー1980円。なめらかな生クリームの中に、3度裏漉しした栗がたっぷり入った伝統スイーツ「マロンシャンテリー」をパフェに仕立てた一品　2.舌平目の洋酒蒸 ボンファム4180円(すべてサービス料別)　3.時間帯や天気によって変わる景色を眺めるのが楽しい

甲斐みのりさん

㊥ とうきょうかいかん ぎんざスカイラウンジ
☎ 050-3187-8713〈予約可〉　🪑 118席
千代田区有楽町2-10-1 東京交通会館15F／
11:30〜21:30／無休／
JR有楽町駅京橋口から徒歩1分

  MAP

017

古い映画の中に迷い込んだような特別な空間です。こちらでよくいただくのは、古き良き昭和の折り目正しい洋食と、サントリーウイスキーのハイボールです。

地下空間に広がるきらびやかな社交場

甲斐さんの行きつけ 2

サントリーラウンジ イーグル

新宿駅からほど近いビルの地下に降りると、豪華客船のバーをイメージしたラグジュアリーな空間が広がる。創業は1966年。歴史が刻まれたカウンターで、気さくなバーテンダーが出迎えてくれる。料理も豊富で、中でもビーフストロガノフは店の名物。自家製デミグラスソースと生クリームの濃厚な風味にファンも多い。

1. 軽快なトークで楽しませてくれるバーテンダーの上原幸雄さん 2. ヨーロッパのお城のような内装 3. 冷製牛肉の葱巻き4180円（1.5人前）、ビーフストロガノフ2600円。サントリー・プレミアムソーダのハイボールも人気

🄌 サントリーラウンジ イーグル
📞 03-3354-7700〈予約可〉 🪑 50席

新宿区新宿3-24-11 セキネビル　B1F・B2F／17:00～23:30 (LOフード22:30、ドリンク22:45)／不定休／JR新宿駅東口から徒歩2分

MAP

＼レトロな看板が目印／

食べると元気になるやさしい台湾料理

甲斐さんの行きつけ 3

呉さんの台湾料理

食べ歩きが大好きと語る店主の呉瑞榮さんが腕を振るう料理は、「どれもおいしくて手頃で、思わずたくさん注文したくなります」と甲斐さん。揚げたインゲンとひき肉を炒めたものを葱油餅に挟む「インゲンの四川風セット」は、外はカリッ、中はモチモチの葱油餅とインゲンの食感が楽しく、クセになる味わいだ。

1. 料理を作るのも食べるのも大好きという店主の呉さん 2. 海老とりんごのマヨネーズ仕立て1023円。マヨネーズにシャンパンを少し足すことでしつこさを緩和し、さっぱりした味に 3. インゲンの四川風セット1243円

何を食べても間違いなし！
インゲンの四川風セットは葱油餅に自分で包む行為も含めて楽しい。家庭ではなかなか作れない味です。
日替わりランチもよく利用します。

甲斐みのりさん

西 ウーさんのたいわんりょうり
03-3393-1068〈予約可※ディナーのみ〉 16席

杉並区天沼3-1-5／11:30〜14:00、17:30〜22:00 (LO21:30)／
月・火・水曜休／JR荻窪駅北口から徒歩5分

MAP

食通の胃袋をつかんで離さない
日本一のそぼろ弁当の秘密

日本一の焼き鳥店として名高い目黒「鳥しき」が手がける、究極のそぼろ重。その全貌に迫ります。

そぼろ重2500円。店には炭火で焼き上げる焼き鳥や、秘伝の「壺たれ」で味付けした惣菜も並ぶ

麻布台 鳥しき

目黒「鳥しき」の味を手軽に楽しめるテイクアウト専門店が、麻布台ヒルズ地下のマーケット内にオープン。名物のそぼろ重は、本店でおまかせの〆に出される鳥そぼろ丼がルーツ。粗めに挽いた鶏もも肉と軟骨を特製のタレで炒め、旨味を引き出しながら食感よく仕上げる。また鮮度の高い鶏肉を厳選し、本店とはタレの構成を少し変えて、冷めてもおいしい味を追求。店の焼き鳥をのせて"焼き鳥重"にするアレンジもおすすめだ。

(南) あさぶだい とりしき
03-6441-0098〈予約不可〉 なし
港区麻布台1-2-4 麻布台ヒルズ ガーデンプラザC B1F 麻布台ヒルズ マーケット内／10:00〜20:00／無休（休みは施設に準ずる）／地下鉄神谷町駅5番出口直結

東京の最旬！

TOKYO

CHAPTER 2
011 ▷ 037

新星フレンチ / 発酵
ハイクオリティバーガー
韓国発 / パンビストロ
立ち飲み中華
カウンターデザート / チュロス

レストランと和食カルチャーの掛け合わせ

ジャンルレスなシン・居酒屋

感度の高い
美食家が集う
おとなのための空間

1. 日によって変わるおばんざいの盛り合わせが好評のUkéプレートランチ2600円　2. バーカウンターや半個室のソファ席も備える　3. 主菜の津軽鴨／山椒／オレンジ3200円

011
Uké

レストランのエッセンスと和食カルチャーを融合させた、全く新しい居酒屋。ヴィンテージの家具が配された大人の空間で味わえるのは、産地直送の食材や自家製調味料を使ったジャンルレスなメニュー。この日のメイン、津軽鴨のローストは、焦がしたハチミツとオレンジジュース、醤油や山椒などを加えて煮詰めたビガラードソースで。オリジナルのビアテイスト飲料やタップカクテルなど、バーと居酒屋の要素を掛け合わせたドリンクも楽しみのひとつだ。

最旬グルメ

南 ウケ
03-6205-8899〈予約可〉　27席

港区虎ノ門2-6-1虎ノ門ヒルズステーションタワーB2F T-MARKET／11:00〜14:30 (LO14:00)、17:00〜22:00 (LO料理21:00、ドリンク21:30)／月曜休／地下鉄虎ノ門ヒルズ駅直結

MAP

023

ひと皿ごとに驚きと感動が！

香りを楽しむ新星フレンチ

自然が育む四季の食材に
繊細な香りをまとわせた
記憶に残るひと皿

料理は夜の季節のおまかせコース（9500円）の一例。アオリイカと玉ねぎの前菜。ハーブの香りが、炙ったイカの甘みを引き出す。クレソンのクッキーをアクセントに

1. 星付きレストランなどで経験を積んだオーナーシェフの永瀬友晴さん 2. あいち鴨と天然きのこ。乾燥香茸をソースに 3. 金目鯛と焼きナス。スモークしたナスが名脇役 4. ゆったり座れるカウンター席。ディナーは7000円と9500円の2コース

012 odorat

赤羽の閑静な住宅街に2023年7月に開店。フランス語で「嗅覚」を意味する店名には、「香りにフォーカスした記憶に残る料理を」というシェフの想いが込められている。新鮮で香り豊かな食材を用い、スパイスやハーブで味わいに立体感を持たせたひと皿の表現に心が躍る。

ランチ限定の欧風カレー、

ランチコース（5500円）の〆に提供。赤ワインとスパイスで、豊かな香りと深みのある味わいに

 オドラ
📞 03-6356-2227〈要予約〉 8席

北区赤羽西4-23-5 赤羽西ガーデンハウス1F／
12:00〜14:00(LO12:30)、18:00〜22:00 ※火・水曜はディナーのみ／日・月曜休／JR赤羽駅西口から徒歩8分

MAP

最旬グルメ

若きシェフが描く 発酵の新時代

発酵で食材の味わいを引き出す モダンフレンチ

1. コース（1万7600円）より、約20種の野菜を蒸し煮にしたエチュベ　**2.** 野菜を軸としたフレンチでも腕を振るってきた井口和哉シェフ

＼日本の食材にこだわる／

013 TOUMIN

コンセプトは、日本の旬の食材と発酵。さまざまな食材を乳酸発酵や塩漬けにし"冬眠"させることで、旬の食材本来の味わいを引き立てる。月替わりの11品のおまかせコースでは、その時季の新鮮で個性豊かな食材と、発酵した食材を組み合わせた唯一無二のひと皿に出合える。

トマトや栗、ジャスミンなど野菜、植物、果物を中心に、店内で発酵中の食材は40種類以上

🏠 **トウミン**
📞 **03-6451-1718〈要予約〉**　💺 **12席**

港区西麻布2-24-14 バルビゾン73 2F／18:00〜、19:00〜 土曜12:00〜、18:00〜／日・月曜休／地下鉄乃木坂駅5番出口から徒歩10分

MAP

© Masahiro Sambe　　　　　　　　　　　　026

炭火焼き×発酵を
テーマにしたイタリアン

発酵調味料を自作

1. ポルケッタ3500円。豚のなれずしを塗り込んだ豚バラ肉を、丸めて炭火で焼く
2. 枠にとらわれない料理を追求する江口拓哉シェフ
3. 自家製パン醤油を使用した金目鯛の蒸し焼き、カルトッチョ 4300円

014
più falò

代官山の炭火焼きイタリアン「ファロ」の2号店として2024年1月にオープン。食材の旨味を炭火で引き出し、自家製発酵調味料でより奥深い味わいに。お酒はイタリア産ナチュラルワインがおすすめ。炭台を囲んだカウンター席で、炭火の香りや厨房のライブ感を楽しんで。

味噌や醤油、酢などを店で自作。店内の棚や床下には、熟成中や発酵中の調味料が眠る大きな瓶や樽が収納されている

最旬グルメ

(南) ピュウ ファロ
03-6268-8300〈予約可〉　18席

港区虎ノ門2-6-3 虎ノ門ヒルズ ステーションタワー4F／16:00〜21:30 (LO)、土曜13:00〜21:30 (LO)、日・祝日13:00〜21:00 (LO)／火曜休／地下鉄虎ノ門ヒルズ駅直結

MAP

027

食と家具のカルチャーMIX

洗練された空間が魅力

衣食住をトータルで演出

1. イギリスの邸宅のキッチンをイメージ　**2.** つぶ貝の骨髄ソテー、パセリ風味 ブーダンのアクセント。ディナーコース料理8品(1万1000円)より　**3.** 鹿肉のウェリントン2人前 5720円

015
Orby Restaurant

日本のザ・コンランショップで初となるレストラン。イギリスの伝統料理ビーフ・ウェリントンを、牛肉の代わりに繊細な北海道の蝦夷鹿を使って仕上げた、鹿肉のウェリントンは店のスペシャリテ。

南　オルビー レストラン
03-6834-4700〈予約可〉　44席

港区麻布台1-3-1 麻布台ヒルズ タワープラザ3F ／ 11:30〜15:00(LO14:00)、17:00〜22:00(LO料理20:00、ドリンク21:00) ※季節により時間変更あり／火曜休／地下鉄神谷町駅5番出口直結

MAP

028

都心の喧騒を忘れる
非日常がある場所

1. 店内の家具は購入も可能 2. 庄内鴨とイチジクのサラダ ドライイチジクのチャツネ 2400円
3. 小田原産塩レモンとホタテ貝のリゾット 3100円（各サービス料10％別途）

016
STELLAR WORKS
Restaurant & Bar

上海発の家具ブランド、ステラワークスのショールームに併設したレストランで、ボーダーレスな地中海料理を楽しめる。塩漬けにした小田原産レモンを仕上げに合わせた塩レモンのリゾットは絶品。

（南）ステラワークスレストラン アンド バー
03-3423-2025〈予約可〉 145席

港区北青山1-2-3 青山ビル 2F ／17:30～22:00、土曜11:30～15:00、17:30～22:00、スタンディングバー月～土曜・祝日17:00～23:00、ザ・バー月～土曜・祝日20:00～23:00／日曜休／地下鉄青山一丁目駅0番出口直結

MAP

最旬グルメ

豪快にかぶりつきたい！

ハイクオリティバーガー時代到来

素材にこだわり抜いた和牛100%のバーガー

オニオンローズマリーバーガー 1408円。じっくり炒めた甘い玉ねぎが絶品

017
NY BISTRO by NO CODE

神戸牛の元となる但馬系・黒毛和牛にこだわり、肉本来の旨味を味わえるご馳走バーガー。レアめにグリルしたパティと淡路島から直送される甘みが強い玉ねぎ「蜜玉」、ほど良いアクセントのローズマリーが絶妙にマッチ。

㊥ ニューヨーク ビストロ バイ ノーコード
📞 03-4400-0198〈予約可〉　🪑 18席

千代田区丸の内1-5-1 新丸ビル7F／11:00〜15:00、17:00〜23:00、土曜11:00〜23:00、日曜・祝日11:00〜22:00／休みは施設に準ずる／地下鉄東京駅直結

MAP

ステーキのような肉肉しいパティ

自家製サルサが決め手のサルサアボカドチーズバーガー（フレンチフライ付き）1980円

018
Builders

ブロックで仕入れたUS産ビーフは部位ごとにカットを変え、丁寧に脂を除きパティに。自家製オリジナルソースとの相性も抜群でボリューム満点！ ジャンクフードのイメージとは一線を画す、リッチでジューシーな味わいだ。

🈁 ビルダーズ
📞 03-6206-7601〈予約可※17:00〜20:00のみ〉 🪑24席
港区虎ノ門2-6-1 虎ノ門ヒルズ ステーションタワーB2F T-MARKET内／11:00〜15:00 (LO14:30)、17:00〜22:00 (LO20:00)／無休／地下鉄虎ノ門ヒルズ駅直結

  ※2025年4月現在閉店

MAP

最旬グルメ

031

現地では大ブーム！

韓国発の新顔グルメを調査

トリコになる新食感！
韓国グリークヨーグルト

4

1

2

3

5

019
Bowls

韓国で話題のグリークヨーグルトは、もっちりクリーミーな食感が特徴。店では岩手県産の生乳を使用し、すっきりとした後味がフルーツやグラノーラと相性抜群。食事系アレンジもおすすめ。

1. イチゴ、バナナ、ブルーベリー、グラノーラをトッピングしたオリジナルヨーグルトボウル1650円 **2.** アボカドボウル1760円。アボカドや生ハムをのせたサラダ感覚で楽しめる一品 **3.** アサイーピューレをたっぷり使用したアサイーヨーグルトボウル1760円 **4.** 旬のフルーツを使用した季節限定メニューも販売 **5.** 原宿竹下通りにオープン。白とピンクを基調とした店内は韓国風カフェをイメージ

西 ボウルズ
非公開〈予約不可〉 14席

渋谷区神宮前1-16-6 原宿77ビル2F ／ 10:00〜19:00（LO18:30）、土・日曜・祝日9:00〜／無休／JR原宿駅竹下口から徒歩2分

MAP

032

1

サク旨チキンバーガーは圧巻のボリューム！
020
渋谷マムズタッチ

韓国バーガーチェーンの日本1号店。看板メニューのサイバーガーは、チキンのサクサクした食感と酸味のある特製ソースが決め手。

2

○西 しぶやマムズタッチ
☎ 03-6826-2350〈予約可〉　🪑 216席

渋谷区神南1-23-13 丸大ビル1F／10:00〜22:00／無休／各線渋谷駅A12出口から徒歩1分

MAP

1. 人気No.1のチーズサイバーガー570円（単品）。ヤンニョムチキンや日本限定メニューも展開　2. 渋谷公園通り沿いに立地

1

韓国の伝統菓子をアレンジしたドーナツ
021
BONTEMPS
中目黒店

韓国のドーナツ＆コーヒーチェーン「BONTEMPS」が東京初上陸。15種類ものドーナツは、トッピングが華やかで話題性も抜群。

2

○南 ボンタン なかめぐろてん
☎ 03-6452-3600〈予約不可〉　🪑 40席

目黒区青葉台1-28-7／11:00〜21:30(LO21:00)／不定休／各線中目黒駅西口1出口から徒歩7分

MAP

1. ほどよい甘さともちもちした食感がクセになるドーナツは各種300円〜。特製ドリンクも　2. ストリートテイストの内装

最旬グルメ

名店のパンを心ゆくまで

至福のパンビストロ

国産小麦100%の味わい深いパンが主役

オリーブオイルと、鰹節や青唐辛子を漬け込んだたまり醤油のソースでいただくカツオとトマトとブラータ3400円、繁邦のパン600円

1.センスのいい調度品が並ぶ。カウンター席のほか、テーブル席、個室も備える　2.店頭では「しげくに屋55ベーカリー」のパンが購入できる　3.クレープ-シュガーバター-1000円

022 繁邦

オーナーシェフ・青木虎太郎さんの両親が営む、高円寺の人気ベーカリー「しげくに屋55ベーカリー」のパンが味わえるビストロ。日中はカフェ&ベーカリー、夜はフレンチを基軸としたジャンルレスな料理が提供される。カフェタイムの人気メニューは、佐賀県産の小麦粉「さちかおり」と3種のバターを使ったクレープ。シンプルながらも奥深い味わいに心を掴まれる。3種の日替わりパンと季節野菜のポタージュ、ゆで卵が付く朝食メニュー「繁邦セット」もぜひ試したい。

🌐 しげくに
📞 03-6451-2422〈予約可〉　🪑 24席

渋谷区恵比寿南1-14-15 ラ・レンヌ恵比寿 3F／ベーカリーカフェ9:00〜15:00 (LO14:00)、レストラン17:30〜23:00 (LO22:00)／不定休／JR恵比寿駅西口から徒歩3分

MAP

最旬グルメ

035

食べて飲んで楽しい♪

立ち飲み×本格中華がアツい!

023 立呑み中華 起牽礼

自由が丘の酒場が集まる通称「L字が丘」エリアに2023年12月に開店。わずか4坪強の店では、名だたる名店で研鑽を積んだ気鋭シェフ、井上史子さんの本格中華の味が楽しめる。名物のよだれ鶏は、しっとりと火入れした鶏もも肉に、芝麻

本格中華をカジュアルにつまむ個性派スタンド

醬でコクを出したオリジナルの甘酢タレが絡み絶品。また、高級台湾茶「UMACHA」の水出しで作る香り高いお茶割りも評判だ。小さめのポーションで提供される料理を二品、三品とつまみながら、お酒を楽しんで。

1. 料理は手前から、よだれ鶏690円、ザーサイ・ピータン・パクチーの白和え590円、熟成麻婆豆腐890円。お酒は桂花蜜烏龍（キンモクセイウーロン）茶割り690円　**2.** ひとりでもふらっと立ち寄れる雰囲気も魅力　**3.** 若き実力派シェフ、井上史子さん

南 たちのみちゅうか きりつれい
03-4400-0235〈予約不可〉
なし（スタンディングのみ）

目黒区自由が丘2-14-2／16:00～23:00 (LO22:30)／火・水曜休／各線自由が丘駅
正面口から徒歩4分

MAP

最旬グルメ

037

公園の中に出現!

居心地がよすぎる新フードホール

1. 広い店内全体はシームレスな空間となっていて、思い思いの過ごし方で気軽に利用できる　2. 国立競技場も間近に

2

公園のベンチに腰掛けるような感覚でひと休み♪

Meiji Park Market

都立明治公園内に誕生した複合型フードホール。P.39の3店舗が入る。"公園の中の公園"をイメージした、開放感あふれる空間が魅力

西 **メイジ パーク マーケット**　 🪑 **100席**

新宿区霞ヶ丘町5-7 都立明治公園内A棟1F／地下鉄国立競技場駅A3出口から徒歩10分

オープンサンドは朝食にぴったり

アボカドデュッカトースト1250円、自家製グラノーラとヨーグルト、季節のフルーツ700円

024
Parklet

ほどよい酸味と優しい口当たりのサワードウブレッドが評判のベーカリーカフェ。朝食はもちろん、ワインやビールも楽しめる。

(西) パークレット
℡ 03-6434-0577〈予約不可〉

8:30〜18:00、金・土曜〜22:00、日曜・祝日〜20:00／無休

MAP

025
Parklet Kiosk

コーヒーやアイスクリーム、焼き菓子などを販売するスタンド。「Overview Coffee」の豆を使用したコーヒーメニューは400円〜。

(西) パークレット キオスク
℡ 03-6434-0577〈予約不可〉

8:30〜18:00、金・土曜〜22:00、日曜・祝日〜20:00／無休

MAP

素材の風味を生かしたアイス

1. アルコールも販売 2. アイスクリームは常時5種類。シングル600円、ダブル750円

最旬グルメ

はみ出るチキンがインパクト大！

1. バターミルクフライドチキン1500円 2.「Hobo Brewing」のクラフトビール800円〜

026
Baby J's

札幌発のバターミルクフライドチキンサンド専門店が東京初上陸。発酵バターミルクでマリネしたジューシーなチキンが絶品。

(西) ベイビー ジェイズ
℡ 03-6434-0597〈予約不可〉

11:00〜18:00、金・土曜〜22:00、日曜・祝日〜20:00／無休

MAP

朝、昼、夜と訪れる時間で

表情を変えるレストラン

朝のコーヒーから記念日のコース料理まで
あらゆるシーンに寄り添う

1

2

027
Massif

築48年の宿泊施設をリノベーションした建物の1階に、2023年8月にオープン。「Massif」は、山岳の一群を表す「山塊」の意味。時間の移ろいとともに表情を変える山のように、カフェ、レストラン、ワインバーと朝から夜にかけての業態の変化が楽しめる。

4. デンマークの伝統菓子に上品な甘さの「福みりん」を加えたドリームケーキ各550円 5. 夜のアラカルトメニューより、ブッラータ、枝豆、インゲン豆2200円。ほかにコースやバーメニューも充実

1. カフェ（8〜16時）では、「Overview Coffee」のコーヒーや焼きたてのペイストリーを 2. 目を引く内装デザイン 3. 夜は一流シェフとソムリエによる料理やワインを堪能

(南) マッシーフ
📞 080-7111-5451〈予約可〉　60席

目黒区東山3-7-11 大橋会館1F／
8:00〜16:00（ランチ12:00〜LO14:00）、
18:00〜23:00（ディナーLOフード21:00、ドリンク22:30）、日曜9:00〜17:30
（ブランチ11:00〜LO14:45）／
月曜休／東急田園都市線
池尻大橋駅東口から徒歩4分

MAP

最旬グルメ

進化するプレゼンテーション！

カウンターデザート最前線

028 GINZA TORAYA

室町時代後期に創業した「とらや」の銀座店が2024年4月にリニューアルオープン。喫茶をメインとした店は、テーブルやテラス席に加え、和菓子職人が腕を振るうカウンター席も設置。その場で作りたての味を楽しめる。果物やスパイスを使った限定商品も見逃せない。

和菓子職人の技を目の前で堪能

1. 小倉餡を挟んだ、「焼きたて 夜半の月」1958円（飲み物付き）　2. 生菓子は季節により変更
3. 予約制のカウンター席は4席のみ。作りたての和菓子の繊細な味わいは格別だ

東 トラヤ ギンザ
03-6264-5200〈カウンター席の予約はHPにて〉　42席
中央区銀座7-8-17 虎屋銀座ビル4F／11:00〜19:00（LO18:30）／元日、毎月第2月曜休（祝日の場合は第3月曜休）／地下鉄銀座駅A2出口から徒歩5分
※ビル入口はすずらん通り沿い

MAP

042

お茶の新たな魅力に出合える日本茶デザート

1. クリーミー抹茶ラテ1100円〜。抹茶は3種類から選択可 2. 季節のフルーツと炭火焼き餅ムース1500円 3. 季節のフルーツと日本茶のパフェ2400円〜

029 VERT はなれ

予約困難なほど人気の神楽坂のデザートコース専門店「VERT」の姉妹店。オーナーパティシエの田中俊大さんが手がける、日本茶を織り交ぜた革新的なデザートを、アラカルトで気軽に楽しめる。煎茶や釜炒り茶、和紅茶など厳選して揃える日本茶は、一杯から注文可能。

2024年3月に浅草にオープン後、神楽坂へ移転。店内には天然石のカウンターテーブルが設けられ、日本茶やデザートを提供

西 ヴェールはなれ
非公開〈予約可※TableCheckにて〉　6席
新宿区津久戸町3-19 DeLCCS神楽坂津久戸町2F A区画／16:00〜、19:00〜の2部制／火・水・木曜休／地下鉄神楽坂駅1b出口から徒歩7分

MAP

最旬グルメ

リッチな味わいがクセになる

おしゃれ空間で味わう チュロスとコーヒー

次世代チュロスに期待！

1. チュロス4本750円〜、チョコレートソース、サワークリーム各100円　2. まるで映画のセットのような店内　3. チュロスサンデー 900円、トッピングソース100円〜

030
Junction

自家焙煎コーヒーや手作りスイーツを、フォトジェニックな空間でいただける。生地にメープルシロップを練り込んだチュロスは、オプションで3種のソースを選ぶスタイル。

㊄ ジャンクション
📞 なし〈予約不可〉　🪑 4席（ベンチ）

世田谷区上馬5-39-20／11:00〜18:00／水曜休／
東急世田谷線若林駅から徒歩5分

MAP

044

アツアツの揚げたてを
テイクアウト

031
111 CHURROS

生地から店内で手作りし、注文後に揚げるできたての生チュロス。チョコとレアチーズのディップソースをミックスするのがおすすめ。

チュロス＋チョコ＆レアチーズ850円、ソルティレモネード760円

㊄ **イチイチイチチュロス**
📞なし〈予約不可〉 🪑10席

新宿区大久保1-11-10 1F／11:00～22:00(LO21:00)、土・日曜・祝日10:30～22:00(LO21:00)／無休／JR新大久保駅から徒歩8分

MAP

オリジナルの
チョコシロップが人気

032
churros de paris

オリジナルチュロスミックスを使ったチュロスは表面はパリッ、中はしっとり。自家製チョコシロップにディップしてじっくり味わおう。

チュロス4本セット600円、チョコソース、メイプルソース各100円、カフェラテ600円

㊄ **チュロス ドゥパリ**
📞なし〈予約不可〉 🪑18席

新宿区大久保1-16-19／11:00～21:30、金・土曜～22:00／無休／JR新大久保駅から徒歩5分

MAP

最旬グルメ

最新スポット情報 ①

名シェフが手がける注目店

世界が注目するパティシエのレストラン

033
Le salon privé

名だたるシェフのもとで腕を磨き、世界で高い評価を受けるパティシエの成田一世氏が手がける。特製のクロワッサン生地で赤身肉を包み、パイと牛肉の両方がベストな焼き上がりになるよう追求した牛肉のパイ包み焼きは、ベーカリーブティックも併設する当店ならではの逸品。

1.牛肉のパイ包み焼き ウェリントンは、ディナーコース（2万5300円）の一品。ザクザクのパイ生地のおいしさをぜひ体験したい 2.併設のベーカリーブティック「LE SATINÉ」ではパンや焼き菓子、ケーキなどを販売している 3.気持ちのいいテラス席もおすすめ

南 ル・サロン・プリベ
03-5422-1270
〈予約可〉 14席

港区虎ノ門5-8-1 麻布台ヒルズガーデンプラザ A-2F／ランチ12:00〜14:00、デセール14:00〜16:00、ディナー19:00〜24:00、日曜ランチ12:00〜14:00、デセール14:00〜16:00、16:00〜18:00／月曜休

MAP

麻布台ヒルズ

森ビルが理想とする多様な都市機能を徒歩圏内に集約した「コンパクトシティ」。建築物と緑が美しく調和した豊かな街となっている

南 あざぶだいヒルズ
港区麻布台1-3-1／地下鉄神谷町駅5番出口直結

骨太なフランス料理に日本の風土を反映

※写真の料理は一例

034
Hills House Dining 33

日本のフランス料理界を牽引し続ける巨匠、三國清三氏がプロデュース。同氏の生まれ故郷、北海道増毛産の海の幸をはじめ、全国で誠実に育まれた食材、そして江戸東京野菜の数々を用い、フランス料理のエスプリを感じさせつつも、まったく新しいモダン東京を表現する料理を提供。

1.ヨーロッパ産仔鴨のロティ 赤茄子、赤玉葱、ソースエルブ　2.生ベーコンを巻き衣をつけてフリットした真鱈の一皿。北海道函館産 真鱈ベニエ サフランの香り花ニラと九条ネギのレモン風味のサラダ添え。いずれもディナーコース1万2100円（サービス料別）より

南　ヒルズハウス ダイニング33
☎03-4232-5801〈予約可〉
198席

港区麻布台1-3-1 麻布台ヒルズ 森JPタワー33階／11:00〜15:00(LO14:00)、18:00〜23:00(LO22:00)／無休

MAP

東京タワーが見える席で特別な時間を

最旬グルメ

047

最新スポット情報②

実力派スイーツが大集合

誰もが憧れる
麗しきモンブラン

1

035
ANGELINA

パリジェンヌたちに長く愛されるティーサロン。フランスの上質なマロンを使った濃厚なマロンペーストのモンブランの中身は、スポンジではなくたっぷりのクリーム。土台はサクサクのメレンゲで、食感の違いも楽しい。

1.モンブラン オリジナルサイズ1400円、デミサイズ900円　2.クープ モンブラン1200円

2

📍 アンジェリーナ
📞 03-6427-1540〈予約不可〉
🪑 34席

東急プラザ原宿「ハラカド」2F／
11:00〜21:00
(LO20:00)／
休みは施設に準ずる

MAP

東急プラザ原宿「ハラカド」

原宿のど真ん中に佇む三角形や四角形などのガラスを組み合わせた外観が印象的な大型施設。神宮前交差点を見下ろす屋上庭園に感動！

📍 とうきゅうプラザはらじゅく「ハラカド」
渋谷区神宮前6-31-21／JR原宿駅東口から徒歩4分

1900年創業の老舗ジェラート店

036
Giolitti

映画『ローマの休日』でアン王女が食べた、世界的に有名なジェラート。季節ごとに厳選したジェラートをイタリア人シェフが毎日手作りする。店限定フレーバーも必見。

ピスタチオ、マンゴー、ストロベリーのトリプル。コーン1034円、カップ979円。フレーバーの種類や数により価格が変動

 ジョリッティ
03-6433-5554〈予約不可〉 なし
東急プラザ原宿「ハラカド」6F／11:00〜23:00／休みは施設に準ずる

MAP

目利きバイヤーが仕入れた果物を堪能

037
the TAG by 青果堂 fruitsparlor

創業100年の果物問屋から仕入れるフルーツを使ったスイーツが評判。自家製モンブランクリームのパフェや店内仕込みのパンナコッタが入ったいちごパフェなど、どれも魅力的！

1. 自家製パンナコッタと白ぶどうのジュレが入った、フルーツたっぷりのいちごパフェ1408円 **2.** 甘さ控えめのモンブランパフェ1298円

最旬グルメ

 ザ タグ バイせいかどうフルーツパーラー
03-6427-9120〈予約不可〉 なし
東急プラザ原宿「ハラカド」6F／11:00〜23:00(LO22:00)／休みは施設に準ずる

MAP

世界に誇る日本酒が勢揃い
羽田空港に角打ちが出現!

全国から厳選されたお酒を気軽に楽しめる角打ち。
日本酒文化を体験する場として、外国人旅行客にも評判を呼んでいます。

オリジナルの酒器や全国から厳選したこだわりのおつまみで日本酒が楽しめる

PRIME SAKE Tokyo
Haneda Airport

2024年3月、世界初の日本酒一合缶専門店が羽田空港第3ターミナル駅に誕生。"Specialty Nihonshu"をコンセプトに、国内有数のブランド力を誇る日本酒蔵全11蔵の日本酒をセレクト。店内には立ち飲み用の角打ちカウンターも備え、全国選りすぐりの日本酒を気軽に味わえる。

1.『あたごのまつ』新澤醸造店 川崎蔵（宮城県大崎市） 2.『あべ』阿部酒造（新潟県柏崎市） 3.『東光』小嶋総本店（山形県米沢市） 4.『手取川』吉田酒造店（石川県白山市） 5.『KURAMOTO』倉本酒造（奈良県都祁吐山町） 6.『仙禽』せんきん（栃木県さくら市）

（南）プライムサケ トウキョウハネダエアポート
非公開〈予約不可〉 スタンディングのみ
大田区羽田空港2-6-5 京急空港線羽田空港
第3ターミナル駅 3F 国際線出発ロビー 302区画／
11:00～22:00／無休／
京急羽田空港第3ターミナル駅から徒歩すぐ

MAP

何食べる？・ジャンル別

CHAPTER 3
039 ▷ 138

イタリアン	052
フレンチ	064
ビストロ	070
スペイン料理	074
和食	076
洋食	106
中華	112
エスニック	120
カレー	130
ラーメン	132
居酒屋＆バー	136
パン	146

驚きと感動がある

劇場型レストラン

シェフの技に心が躍る
神泉の隠れ家空間

カニ、ウニ、ホタテのピザとシチリア産ワインの「カタラット」グラス1540円

1. 寿司に見立てた前菜はリコッタチーズに季節の果実などのゼリーをのせて　2. シェフの技が間近で見られるオープンキッチン

039
TEATRO ACCA

小さく店名を掲げただけの入口は、気付かず通り過ぎてしまいそうな佇まい。だが、扉を開ければそこから、店名のテアトロ＝劇場、アッカ＝H（原郁人シェフの頭文字）の通り、シェフによる渾身の美食劇場の幕開けだ。開放的なオープンキッチンと、対面にある450〜500℃に熱せられた薪窯を行き来するシェフ。時には大胆に、繊細に、そして遊び心も加えながら旬の素材の持ち味を活かす料理は、テーブルに運ばれてくるごとに思わず歓声が出るほどだ。

3. 焼きたてのピザをカット。料理はすべてディナーコース1万450円〜より　4. ウサギさんのおやすみドルチェ

（西）テアトロアッカ
03-6413-1092〈要予約〉　20席

渋谷区円山町25-7 / 18:00〜、19:00〜、20:00〜の3部制 / 火曜休 / 京王井の頭線神泉駅から徒歩3分

MAP

イタリアン

053

長期間熟成の"泡"を
和食材を活かす料理で

お酒を愉しむ
イタリアンバル

1. ミョウガや大葉が香る、タコのカルパッチョと香味野菜880円。テーブル席のほか2階と地下には個室も備えている 2. 山椒ミートソース2200円。

040 古澤亭

イタリア北部で生産される瓶内2次発酵・長期熟成の「フランチャコルタ」が味わえるバル。実山椒やミツバなど日本の旬素材を、ワインに合うイタリアンにして提供している。

南 ふるさわてい
📞 080-8556-4236〈予約可〉　🪑 22席

目黒区目黒1-6-12／17:00〜23:00 (LO22:00)／日・月曜休／JR目黒駅西口から徒歩6分

MAP

054

こだわりの食空間で
ナチュラルワインを

1. ワインに合わせたい、ブッラータと季節食材のカプレーゼ2750円 2. パスタの旨味がダイレクトに味わえる、貧乏人のパスタ2090円

041
o/sio

丸の内ブリックスクエアで、肩肘張らずにカジュアルに過ごせる店。料理は炭火焼きの肉とイタリアンに、多種揃えた各国のナチュラルワインが自慢。合わせて楽しみたい。

中央 オシオ　📞 03-3217-4001〈予約可〉　35席

千代田区丸の内2-6-1 丸の内ブリックスクエア B1F／11:00～14:30(LO14:00)、17:00～23:00(LO22:00)、土曜11:00～15:00(LO14:00)、17:00～23:00(LO22:00)、日曜・祝日11:00～15:00(LO14:00)、17:00～22:00(LO21:00)／不定休／JR東京駅丸の内南口から徒歩5分

MAP

イタリアン

食の新体験に出合える

イタリアンと和の融合

042
TOKYO MEAT 酒場 東急プラザ原宿「ハラカド」店

「東京がイタリアの21番目の州だったら」をコンセプトに、イタリアの郷土料理、調理法、食文化と日本の旬の食材や伝統的な調味料を融合させた料理を提供。「旬のおばんざい4種盛り合わせ」などの小皿料理を中心にTOKYOならではのイタリアンが堪能できる。

1. 日本一おいしいミートソース1400円。昼の部はパスタ食堂になる 2. 目にも楽しい、旬のおばんざい4種盛り合わせ1000円

五感を刺激する
TOKYOイタリアン

2

㊄ トウキョウミートさかば とうきゅうプラザはらじゅく「ハラカド」てん
📞 03-6427-3240〈予約可〉 🪑 37席

渋谷区神宮前6-31-21 東急プラザ原宿「ハラカド」
5F／11:00〜17:00(パスタランチLO15:30)、17:00〜23:00(LOフード22:00、ドリンク22:30)、土・日曜・祝日11:00〜16:00(パスタランチLO15:30)、16:00〜23:00(LOフード22:00、ドリンクLO22:30)／無休／JR原宿駅東口から徒歩4分

MAP

「米」にまつわるイタリア料理を提供

1.

2.

1. ホワイト卵とトリュフのリゾット アラカルト3300円 2. A5黒毛和牛モモ肉のグリル アラカルト4800円。料理はすべてコース4800円〜でも提供。個室も完備

043 ASTERISCO

ミシュラン掲載店などを展開するブリアンツァグループのオーナーシェフ奥野義幸氏プロデュース。日本のソウルフード「米」をテーマとし、ライスペーパー、お米のニョッキ、米粉のパスタなど、「米」の可能性を広げるこだわりのイタリアンを味わうことができる。

（東）アステリスコ
03-3277-6606〈予約可〉　102席

中央区八重洲2-1-1 YANMAR TOKYO 2F／11:30〜15:30 (LO14:30)、17:30〜22:30 (LO料理21:00、ドリンク21:30)／無休／JR東京駅地下直結（八重洲地下街経由）

MAP

イタリアン

057

気品とカジュアルさが共存

英国発の老舗ダイニング

044 表参道
LINA STORES

1944年にロンドン・ソーホー地区で創業して以来、長年絶大な人気を誇り続けているオールデイダイニング。看板メニューのフレッシュパスタは、毎日店内のパスタ工房で手作りしている。

英国で愛される店が表参道に海外初出店！

1. 老舗の気品とカジュアルさが融合する店内　2. フレッシュトリュフとパルミジャーノ タリオリーニ 2300円　3. デリカテッセンではスイーツなどを販売

058

(南) リナストアズ おもてさんどう
03-6427-3758〈予約可〉

106席

港区北青山3-10-5 スプリングテラス表参道1F／11:00～23:00(LO22:00)、デリカテッセン～22:00／無休／地下鉄表参道駅B2出口から徒歩1分

MAP

3

イタリアン

059

魚介の旨味を凝縮

シーフードが大好き！

ショーケースで選んだ
魚介を好みの調理法で

045
BOGAMARI
CUCINA
MEDITERRANEA

全国から届くピカピカの魚介を、カルパッチョやグリル、パスタ、フリットなど、絶品料理に仕上げてくれるトラットリア。Spaghetti ai Ricci di mare 北海道産生ウニのスパゲッティ（時価）は、生ウニを、贅沢に盛り込んだ看板メニュー。

南 ボガマリ・クチーナ・メディテラーネア
03-5797-7285〈予約可〉　60席

港区麻布台1-3-1 麻布台ヒルズタワープラザ3F／11:30〜14:00 (LO)、17:30〜21:30 (LO)／無休／地下鉄神谷町駅5番出口直結

MAP

濃厚な旨味を活かす
豪快なイタリアン

046
トラットリア
築地パラディーゾ

新鮮な魚介をたっぷり使う南イタリア料理が楽しめる。看板メニューは、本日入荷の貝類とチェリートマトのリングイネ（アラカルト3600円）。この日はアサリやムール貝など数種がたっぷり。ワインの種類も豊富なので合わせて楽しみたい。

イタリアン

(東) トラットリアつきじパラディーゾ
03-3545-5550〈予約可〉　30席

中央区築地6-27-3／11:00～15:00 (LO14:00)、17:30～22:00 (LO21:00)、土・日曜・祝日 11:00～15:30 (LO14:30)、17:00～21:00 (LO20:00)／月・火曜休／地下鉄築地市場駅A1出口から徒歩5分

MAP

アツアツを頬張りたい！

大会入賞のナポリピッツァ

元和食職人が作る独創的なナポリピッツァ

047
pizza marumo

昆布ダシ、鰹ダシ、干し椎茸、昆布や黒七味など、日本の「うまみ」を活かした本格的なピッツァを提供。シェフは2023年「The Best Pizza Chefs in the World Top 100」で、世界10位を獲得。

(西) ピッツァ マルモ
03-6683-1973〈予約可〉　32席
渋谷区恵比寿南1-11-13 ヴェルソービル1F／11:30〜15:00、17:00〜23:00／水曜休／JR恵比寿駅西口から徒歩4分

MAP

1. 日本食材とイタリア直送のチーズを融合した、日本のうまみ2400円　2. テリヤキを黒七味で上品に仕上げた和風ピッツァのテリヤキボーイズ1980円

062

イタリアの雰囲気に浸れるピッツェリア

048
ナプレ 南青山本店

スローフードの国、イタリア・ナポリの気さくな雰囲気がそのまま再現された店。シェフはピッツァ大会で連続入賞しているほどの腕前。職人技が光るピッツァは、薪窯で焼きたてアツアツが提供される。

㊐ ナプレ みなみあおやまほんてん
☎ 03-3797-3790〈予約可〉 70席

港区南青山5-6-24／
ランチ11:30～15:00 (LO14:00)、
ディナー17:30～22:30 (LO21:30)、
土・日曜・祝日はランチ
～15:30 (LO14:30)／
無休／地下鉄表参道駅
B3出口から徒歩1分

MAP

1. フレッシュな素材をふんだんに使用した生ハムとルーコラ2800円 **2.** ゴルゴンゾーラなど4種のチーズのピッツァ、クアトロフォルマッジ2700円

イタリアン

063

パリに旅した気分で
本場さながらのガレットを堪能

本場より美味しい！と話題のガレット

隠れ家のような佇まいの外観。ガレットとフランスワインとのペアリングもおすすめ

049
La Fee Delice

キャットストリートにあるガレットクレープリーレストラン。異国情緒にあふれる店内はまるで"小さなフランス"。そば粉100％の本格的なガレットをコースで楽しめる、SNSでも話題の店だ。

🈶 ラ フェデリース
📞 03-5766-4084〈予約可※週末とディナーは予約がおすすめ〉
🪑 26席

渋谷区神宮前5-11-13／11:30〜20:00／
月曜休（祝日の場合は翌日）／地下鉄明治神宮前〈原宿〉駅
7番出口から徒歩3分

MAP

064

ガレットとシードルで優雅にブランチを

クラシックからスペシャリテまで、食材にもこだわった多様なガレットは1350円～

050
LE BRETAGNE

東京にいながらフランスを感じる街、神楽坂に日本初のクレープリーとして開店。開放的なテラス席でフランス・ブルターニュ地方の種類豊富なガレットとシードル（リンゴの微発泡酒）が楽しめる。

(西) ル ブルターニュ
03-3235-3001〈予約可〉　38席
新宿区神楽坂4-2／11:30～22:00、日曜・祝日11:00～／無休／地下鉄飯田橋駅B3出口から徒歩5分

MAP

フレンチ

ハワイのエッセンスを活かした

サステナブルフレンチ

持続可能な未来を紡ぐ
新たな日本フレンチを提案

051
natuRe tokyo

ハワイ発のサステナブルアイランドフレンチが日本初上陸。Beyond the "Farm to Table" をテーマに、環境に寄り添った国産食材をフレンチの技法で調理し、ハワイのエッセンスをプラスした料理を提供する。「鮑のスモーク 肝のソースと蕪ロースト」は、2時間かけてじっくり火を通し、やわらかくしっとりした食感の鮑が絶品。蕪の葉のピューレを使用し、鮑の肝ソースで味付けしたリゾットとの一体感も抜群だ。ボーダレスな一皿で日本食材の新たな魅力を発見できるはず。

066

西
ナチュール
トウキョウ

📞 03-5860-5288〈予約可※テラスは不可〉
🪑 70席

新宿区霞ヶ丘町5-7 E棟／11:00～
23:00 (LO22:00)／不定休／
地下鉄国立競技場駅
A1出口から徒歩9分

MAP

1.鮑のスモーク 肝のソースと蕪ロースト 3900円　2.帆立のそば粉タコス トリュフ マンダリンオレンジ3P1350円。炭でフリットした帆立の濃厚な味わいに、香り高いトリュフとマンダリンオレンジの爽やかな味わいを重ねた一品　3.自然を感じる内装　4.テラス席も完備

フレンチ

スロースタートな朝は **フレンチ食堂でブランチを**

前日から漬け込む
フレンチトーストが人気

1

052
Bistro Rojiura

渋谷の路地裏にある隠れ家のようなビストロ。カリカリにキャラメリゼしたフレンチトーストと自家製ベーコン、ブラッターチーズの甘じょっぱい味わいがクセになりそう。

2

1.ブランチにぴったりのフレンチトースト1560円　2.絶妙な食感のあんバターリコッタチーズサンド660円

(西) ビストロ ロジウラ
03-6416-3083〈予約可※夜のみ〉　18席

渋谷区宇田川町11-2 1F／
8:00〜14:00（LO13:00）、18:00〜23:00（LO22:00）／月・日曜休／
JR渋谷駅A2出口から徒歩8分

MAP

東京のど真ん中で
優雅なひと時を

053
Buvette

朝も夜もオールデイで使えるフレンチ食堂。まるでパリの街角にトリップしたかのような、オーセンティックな魅力にあふれる店内で、フランスの伝統料理をカジュアルに楽しめる。

📺 ブヴェット
📞 03-6273-3193〈予約可〉　🪑 141席

千代田区有楽町1-1-2 東京ミッドタウン日比谷1F／11:00〜22:00(LO21:00)、土・日曜9:00〜／休日は施設に準ずる／地下鉄日比谷駅A11出口直結

MAP

1. クロックムッシュ 1970円　2. 野菜たっぷりなローストチキンサラダ 2100円

フレンチ

069

IBAIA

気分に合わせて選びたい

肉&魚ビストロ

肉好きを唸らせる
肉系フレンチビストロ

名物"牛のヒレカツ"4800円。さっぱりとした赤身で、老若男女から愛されている逸品

054
IBAIA

名物「牛のヒレカツ」は、オーストラリアのグラスフェッドビーフを使用。パセリやタイム、ニンニクを混ぜてミキサーで細かくしたパン粉を薄く付け、カリッと揚げたヒレカツは噛むほどに肉の旨味がジュワッと滲み出す。

(東) イバイア
📞 03-6264-2380〈要予約〉　🪑 17席
中央区銀座3-12-5 ファーストビル1F／17:00〜22:00（LO20:00）／月曜休／地下鉄東銀座駅A7出口から徒歩2分

MAP

070

魚の美味しさに
目覚める逸品の数々

055
PEZ

フレンチの技法で魚介の美味しさを最大限引き出した料理が評判。魚のアラやエビ、野菜などでダシをとり、スパイスを効かせたスープドポワソンは魚介の旨味がたっぷり。〆にはリゾットにして、余すことなく楽しもう。

スープドポワソンとルイユ3200円。ワインに合う、マグロと豚舌・豚耳のテリーヌ1400円

西 ペス
03-6407-0271〈予約可〉 24席

渋谷区宇田川町37-14 B1F／17:00～23:30(LO22:30)／日曜、不定休／JR渋谷駅A2出口から徒歩10分

MAP

ビストロ

071

料理とグリーンに癒される

緑あふれる空間で**バスク料理**を

本場のバスク料理を丁寧に届ける

056
Eme

緑のアーチの奥には癒しの空間が広がる。バスク地方の肉料理を詰めたパイ包み焼きなど、シェフ自慢のバスク料理を中心に、多彩な技とアレンジでフランスの本場の味を楽しませてくれる。約400種の豊富なワインも魅力的！

1. 緑を眺めながら食事ができる 2. スプリングシードワイン モーニング・ブリッジ・ロゼ グラス990円、ボトル5280円 3. ドメーヌ・プティ・ロワ グラス1320円、ボトル9680円

㊗ エメ
☎ 03-5751-7636
〈予約可〉
🪑 20席

品川区小山3-11-2 1F／12:00～15:00 (LO13:30)、18:00～23:00 (LO21:00)／月曜休（祝日の場合は翌日）、ほか不定休／東急目黒線武蔵小山駅東口から徒歩3分

MAP

ビストロ

右から日替わりのフレンチタパス盛り合わせ1800円、パイ包み焼きその日の厳選食材3840円、シャルキュトリー盛り合わせ2200円～

現地の風景に思いを馳せる

本格スペイン料理

057 サル イ アモール

9年連続でミシュランのビブグルマンに選ばれている実力店。スペインの米料理専門店として、パエリアをはじめ多様な伝統料理を提供する。鶏とウサギを使ったバレンシアのパエリアは、2種類の肉のダシが合わさった奥深い味わい。スペイン産のワインも豊富に揃える。

1. バレンシア・パエリア2人前4070円〜　2. スペイン北東部ナバーラの料理、ピキージョピーマンの白身魚とエビの詰め物2ピース1540円

本場の味を忠実に再現した郷土料理

1

🔸 サル イ アモール
📞 050-1809-8226〈予約可〉　🪑 32席

渋谷区代官山町12-19 第3横芝ビル B1F ／火・水曜17:00〜23:00、木・金曜11:00〜15:00、17:00〜23:00、土・日曜・祝日11:00〜15:00、17:00〜22:00 (LO各1時間前)／月曜休 (祝日の場合営業)／東急東横線代官山駅西口から徒歩4分

MAP

074

朝食からディナーまで
様々なシーンで使える

058 Mallorca

マドリード発、スペイン王室御用達の老舗グルメストアのレストラン。おすすめは、エビやイカ、鶏肉などの具がたくさん入ったミックスパエリア。旨味をギュッと吸い込んだお米は、お焦げも絶品。一人前用のパエリアパンで提供されるため、お一人様ランチでも安心だ。

1. マヨルカミックスパエリア（タパス、サラダ付き）2380円 2. オリジナルのタパスやパン、ケーキなどが並ぶデリカテッセンも必見

スペイン料理

🍴 マヨルカ
📞 03-6432-7220〈予約可※ディナーのみ〉　💺40席

世田谷区玉川1-14-1 二子玉川ライズS.C. テラスマーケット2F／9:00〜22:00 (LO21:00) ※ランチは11:00〜15:00 (LO)／無休／各線二子玉川駅東口から徒歩4分

MAP

選りすぐりの素材で

季節を感じる割烹料理

旬食材の美味しさが
五臓六腑に沁み渡る

059 KOMB

　店主自らが産地に赴き、目利きして仕入れた旬の食材を丁寧に下ごしらえし、繊細な割烹料理に仕上げる。この日の土鍋ご飯は北海道産の鮭、ときしらず。ふっくらとやわらかく、脂が乗った身を崩してご飯に混ぜ込むと、ふんわりいい香りが漂う。ほど良い甘みの米と鮭が一体となり、なんとも滋味深い味わいに。素材が持つ魅力を最大限に引き出し、季節を体感できる料理の数々にきっと感動を覚えるはず。コース内容は毎月変わるため、季節ごとに訪れたくなる名店だ。

🍴 コンブ
📞 03-3528-9894
〈要予約〉
🪑 10席

新宿区若宮町５１F／
18:00〜、土曜12:00〜、
18:00〜／不定休／
地下鉄飯田橋駅
B3出口から徒歩4分

MAP

和食 —— 割烹

写真の料理はすべてコース（2万円〜）の一例。 **1.** 鮭の骨でとった出汁で炊いた、北海道産ときしらずの土鍋ご飯 **2.** 姥目樫の備長炭でじっくりと焼いたカマスの塩焼き **3.** 立派なトチノキのカウンターが出迎える **4.** 店主の原田アンナベル聖子さん

077

もう体験した？
新感覚なネオお寿司

身近でかっこいい
寿司のニュースタイル

マンゴーカット寿司1貫604円、エビカニ合戦1099円、南山園 特濃抹茶の茶割り549円

まんま果樹ったオレンジサワー
659円

060 ストリーム高架下 スシブヤ

豊洲市場などから仕入れる新鮮な魚介を用い、海外のエッセンスを取り入れた遊び心のある寿司を提供。名物のマンゴーカット寿司は、漬け本マグロ、お客の前で炙って提供するトロ、柚子の皮を添えたサーモンの3種。

🈂 ストリームこうかした スシブヤ
📞 03-6421-0507〈予約可〉 🪑 54席

渋谷区渋谷3-21-3 渋谷ストリーム1F／
17:00〜翌5:00、土曜12:00〜翌1:00、
日曜・祝日12:00〜23:00／無休／
各線渋谷駅C2出口から徒歩3分

MAP

とろろがとろ〜り
流れる

061
浅草すし 浅草横町

おいしさを第一に、ビジュアルも兼ね備えた寿司が味わえる。ぜひトライしたいのが、太巻きの上に生本マグロの漬け、とろろ、いくらがのったマウント寿司。型を外すと、とろろといくらがとろりと流れ出る楽しい仕掛けも。

(東) あさくさすし あさくさよこちょう
03-5830-6277（予約可） 34席
台東区浅草2-6-7 東京楽天地浅草ビル4F／
12:00〜23:00／不定休／
つくばエクスプレス浅草駅A1出口から徒歩1分

MAP

和食 ── 寿司

驚きの詰まった
最新の寿司居酒屋

甲羅に赤エビとズワイガニのほぐし身、うずらの卵が入ったエビカニ合戦1099円、マウント寿司1209円

雰囲気もご馳走！

憧れの鰻の名店

隅田川のほとりで
絶品鰻に舌鼓

1

062
駒形前川
浅草本店

1804年創業の、江戸時代から続く老舗鰻割烹料理店。天然に限りなく近いブランド国産養殖鰻「坂東太郎」の上質な脂と、創業以来継ぎ足した辛口のタレが合わさることで、繊細な前川の味が完成する。目の前に隅田川とスカイツリーを眺めながら、伝統の味をじっくり堪能したい。

1. うな重5900円〜。坂東太郎のうな重は7300円〜（数量限定） 2. 窓から望むスカイツリー

(東) こまがたまえかわ あさくさほんてん
03-3841-6314〈予約可〉　90席

台東区駒形2-1-29／11:30〜21:00（LO20:30）※16時以降はサービス料10％別途／無休／地下鉄浅草駅A2出口から徒歩1分

MAP

080

上野の杜で食す
歴史を重ねた鰻蒲焼

1

1. うな重・松3630円、竹4730円、梅5830円　2. 座敷席の窓からは四季折々の景色が見られる

063 鰻割烹 伊豆榮 梅川亭

江戸中期より300年続く伝統と味を継承している鰻蒲焼の名店。国産の活鰻を使用し、熟練の職人が砂糖を一切使わず、みりんと醤油のタレでふっくらと香ばしく焼き上げるうな重は、江戸っ子好み。上野公園内の閑静な一角という立地もあって、お祝い事など特別な日に訪れる人も多い。

和食 —— 鰻

(東) うなぎかっぽう いずえい うめがわてい
03-5685-2011〈予約可〉　200席

台東区上野公園4-34／11:00～15:00 (LO14:30)、17:00～21:00 (LO20:00)／月曜休／JR上野駅公園口から徒歩5分

MAP

081

蕎麦呑みにも使える

令和版立ち食い蕎麦

064
寄

京都の人気立ち食い蕎麦屋「suba」のメニューが食べられるとあり、蕎麦ツウの間で話題のショップ。中でも人気が高い春菊天蕎麦は、注文を受けてから揚げるサクサクの天ぷらを香り高い出汁に浸して食べるのがおすすめ。

1. 愛媛の梶田商店がつくる「巽醤油」を使った甘塩っぱいミックスナッツ 2. おしゃれなコの字カウンター 3. 京都すば 春菊天 990円

(西) よせ
03-6381-6131〈予約可〉 16席
渋谷区代々木3-38-10 1F／11:30〜23:00／水曜休／小田急線参宮橋駅東口より徒歩3分

MAP

全国各地の
美味しいものが集合

082

食欲をそそる
ビジュアルの肉蕎麦

2　1

065
SOBASAY

自家製の機械打ち十割蕎麦が気軽に味わえる。近江牛をルーツにもつ木下牛とパクチーのかけ蕎麦は、季節によってクレソンや芹、山菜なども登場。卵かけご飯の蕎麦版「TKS」など、ユニークな蕎麦メニューもこちらの魅力だ。

1. カフェのようなスタイリッシュなカウンター　**2.** 上品な脂と香りが特徴の木下牛＆パクチーのかけ蕎麦1700円　**3.** TKS（卵かけ蕎麦）800円

(東) ソバセイ
なし〈予約可※sobasay2023@gmail.comにて〉　11席

中央区日本橋小伝馬町6-12／12:00〜14:30 (LO)、
18:00〜21:30 (LO)、土曜12:00〜17:30 (LO)／
月・日曜休／地下鉄小伝馬町駅
4番出口から徒歩3分

MAP

和食 ── 蕎麦

特別な空間で食す

ハレの日うどん

厳選素材を使った ご馳走うどん

066 神楽坂 別亭 鳥茶屋

神楽坂で長く愛されている、名物のうどんすき。うどんの麺は北海道旭川産の小麦をベースに、季節によって岩手や長野産を独自にブレンドする。出汁は天然真昆布と枕崎産の本枯れ節を使った上品な味わい。具沢山で華やかなうどんすきは、特別な日やおもてなしにもぴったりの一品だ。

うどんすき1890円（ランチ）。ランチ限定のふわとろ卵の親子丼1250円も根強い人気

 かぐらざか べってい とりぢゃや
📞 03-3260-6661〈予約可〉 🪑 130席

新宿区神楽坂3-6／11:30〜14:00(土・日曜・祝日〜14:30)、17:00〜21:00(日曜・祝日〜20:30)／月曜休／地下鉄飯田橋駅B3出口から徒歩3分

MAP

084

渋谷のど真ん中で
リッチなおうどんを

067
つるとんたん UDON NOODLE Brasserie 渋谷

地上47階建ての大規模複合施設、渋谷スクランブルスクエアの13階に店舗を構える。大きな器でいただくおうどんはダイナミック！シックな空間と眺望も文句なしで、特に週末は行列で混み合う人気店。渋谷の街を見下ろす絶景を見ながら、ちょっと贅沢なおうどんを堪能しよう。

明太子のおうどん（冷）1380円。明太子が麺に絡まり、口いっぱいに風味が広がる

和食 —— うどん

(西) つるとんたん うどん ヌードル ブラッスリー しぶや
03-6419-7155〈予約可※コース注文が必要〉 108席

渋谷区渋谷2-24-12 渋谷スクランブルスクエア13F／11:00〜23:00
(LO22:00)／無休／各線渋谷駅B6出口直結

MAP

085

カウンターでサクッと

ひとり焼肉は至福の味

切りたて肉の
美味しさに注目

ロースターでサッと焼いて、最後に皿に残った自家製ダレをかけるのがポイント。飲めるサーロイン1900円

1. 厨房の様子がよくわかるコの字カウンター。ひとりでも仲間とでも楽しめる　2. 通常よりもかなり分厚いアツタン1700円。厚切りならではの旨味を感じる　3. 無水タン煮込みを冷えたピーマンにのせていただく、パリピ980円

068 焼肉家だいちゃん

2023年6月に用賀に誕生したカウンター焼肉店。素材のおいしさを活かすため、肉は切りたてにこだわる。注文が入ってから丁寧に切り分け、焼き方が難しい部位は最初のみ店主自ら焼いてくれる。名物「飲めるサーロイン」は、薄切りにして短冊状にしたサーロインを、醤油やハチミツ入りの自家製ダレに漬け込んだ逸品。トロトロに焼き上げ、生卵につけてすき焼き風にすれば、ご飯が止まらなくなる。気さくな店主との焼肉談義も当店の楽しみのひとつだ。

和食 ── 焼肉

やきにくやだいちゃん
080-7112-1813〈予約可〉　14席

世田谷区用賀4-1-5／17:00 〜 23:00 (LO22:00)／不定休／東急田園都市線用賀駅東口から徒歩3分

MAP

赤提灯に誘われて

ディープ酒場の絶品もつ焼き

レモンサワーの爽快感がもつの旨味を引き立てる

1. レモンサワー 484円。宝焼酎が入ったグラスとレモン1個、炭酸の瓶がセットで提供される
2. もつは店頭で焼き上げる　3. もつ焼き盛り合わせ5本660円。もつ焼きは18種類の部位を1本121円〜で提供。単品での注文も可

069 もつ焼きばん 中目黒本店

1958年創業。当時店では焼酎を炭酸で割り、レモンなどを加えて飲むのが主流だった。創業者が清涼感あふれる飲み心地を伝えるため「さわやか」という言葉を言い換えて焼酎を「サワー」と呼ぶようになり、レモンサワーが誕生したといわれている。「炭酸とレモンを半分ずつ入れて一杯目を味わい、二杯目はなか（焼酎）を追加注文して残りを注ぎ入れるのがおすすめ」と店長の加藤さん。店自慢のもつ焼きを片手に、正統派のレモンサワーをゆっくり味わいたい。

(南) もつやきばん なかめぐろほんてん
03-6452-3122〈予約不可〉 48席
目黒区上目黒2-14-3／11:30〜翌4:00（LO翌3:00）／無休／各線中目黒駅東口から徒歩2分

MAP

088

ちゅるトロ系のシロと
下町ハイボールはテッパン

1. 下町ハイボール290円。氷を入れない状態で提供されるので最後まで同じ濃度で楽しめる
2. もつ焼きシロ、カシラ4本560円。タレや塩など5種類の味付けから選べる
3. 煮込み590円はもつがたっぷり入った冬季限定の人気メニュー

070 もつ焼 のんき

常連客が代々店を引き継いでいる、創業60年の名店。現在は三代目の山﨑敦さんが伝統の味を守っている。一番人気のシロは豚の直腸を使用しており、脂の濃厚な甘みが特徴。ちゅるトロ系とも評される独特のやわらかな食感を求め、遠方からファンが通い詰める。一緒にいただくのはもちろん下町ハイボール。社員しか配合を知らない秘伝のエキスが詰まったサーバーからグラスに注がれるとレモンの香りがふんわりと漂い、熱々のもつ焼の旨味を引き立てる。

和食 ― もつ焼き

(東) もつやき のんき
03-3601-4052〈予約不可〉 23席

葛飾区堀切5-20-15／16:00〜21:00／水曜休（祝日の場合は営業）／京成本線堀切菖蒲園駅から徒歩5分

MAP

089

ビジュアル最強！

うにいただき丼 3700円

画ヂカラ強めの丼大集合

豊洲直送の
新鮮なネタてんこ盛り

071
海鮮丼 大江戸
豊洲市場店

毎朝市場でプロが厳選して仕入れる新鮮な魚を、贅沢な海鮮丼でいただけるお店。ウニやいくらなど、豪華な魚介がこれでもかというほど盛られた「うにいただき丼」は必食。

 かいせんどん おおえど とよすしじょうてん
03-6633-8012〈予約不可〉 11席

江東区豊洲6-5-1水産仲卸売場棟3F／
7:00〜14:30(LO)、土曜〜15:00(LO)／
日曜・祝日休、その他市場に準ずる／
ゆりかもめ市場前駅1A出口から徒歩5分

 MAP

きつね色に輝く
海老天が眩しい！

072
大黒家
天麩羅

海老天丼 2400円

1887（明治20）年創業の老舗。大きなエビが4本ものる海老天丼は、ゴマ油で揚げた香りの良い天ぷらに甘辛く濃厚な秘伝のタレが絡んで、一度食べたら忘れられない味だ。

 だいこくやてんぷら
03-3844-1111〈予約不可〉 100席

台東区浅草1-38-10／11:00〜20:30、土・日曜・祝日〜21:00／無休／地下鉄浅草駅6番出口から徒歩7分

 MAP

焼きカツ丼(特上) 2600円

こだわり抜かれた
超極厚とんかつ

073
とんかつ 丸七 月島店

SNSでも話題沸騰の超極厚カツ丼。一日かけて低温調理したとんかつはジューシーでボリュームたっぷり。一方、衣が薄くサクサクで意外と食べやすい。コスパ最強のビジュグルメだ。

(東) とんかつ まるしち つきしまてん
03-6910-1203〈予約不可〉 10席
中央区月島1-19-1／11:30〜15:30(LO15:00)、
16:30〜19:00(LO18:30)／火曜休／
地下鉄月島駅7番出口から徒歩2分

MAP

こんもりご飯の
巨大鰻玉丼

074
うなぎの蒲の穂焼 牛タン 焼鳥 馬刺し いづも 浅草横町

ど〜ん! とそびえる鰻玉丼 2750円

江戸時代にB級グルメだった鰻を現代人も楽しめるよう、うなぎ串など鰻メニューを中心に展開。タレのご飯約800gに鰻1/2尾、厚焼き玉子200gがのった鰻玉丼は大迫力のビジュアル。

和食 ─── 丼

(東) うなぎのがまのほやき ぎゅうタン やきとり ばさし いづも あさくさよこちょう
03-5830-7440〈予約可〉 42席
台東区浅草2-6-7 東京楽天地浅草ビル4F／
12:00〜23:00／不定休／
つくばエクスプレス浅草駅A1出口から徒歩1分

MAP

滋味深い出汁が染み渡る！

老舗＆トレンド おでん対決

老舗

長年継ぎ足した秘伝の出汁が染みる

出汁が染みた名物おでん。ちくわぶ250円、だいこん300円、とうふ250円

075 日本橋お多幸本店

創業100年を誇る、東京を代表するおでんの銘店。トレードマークの鮮やかな赤色の皿に盛られたおでんは、アツアツで具材の中まで染み染み。昭和から大切に継ぎ足された昆布とカツオの出汁に、醤油の風味が絡んだ絶妙な味わいがお酒を誘う。冬場は開店する前から行列を作ることもある。

玉子や大根などの定番から、東京おでんならではのおでん種まで、豊富に取り揃えている

(東) にほんばしおたこうほんてん
📞 03-3243-8282〈予約要確認〉 85席

中央区日本橋2-2-3 お多幸ビル／17：00〜22：30（LO22：00)、土曜・祝日16：00〜22：00（LO21：30）※夏季は営業時間が異なる／日曜休／地下鉄日本橋駅B5出口から徒歩すぐ

MAP

092

おでん各種300円〜。10時間煮込んだ濃厚白湯スープで仕上げるおでん

トレンド

立ち食いスタイルの鶏出汁おでん

076
鶏だしおでん さもん 中目黒店

中目黒駅の高架下に店を構えるおでん専門店。鶏ガラと野菜を半日かけてじっくり煮込んだ、濃厚な特製鶏出汁でいただくおでんが大好評。特に名古屋コーチンの半熟卵は根強いファンがいる人気メニューだ。もちろん日本酒との相性もピッタリで、ついついお酒がすすんでしまう。

店先には鶏出汁に浸かったおでんダネが並ぶ。おいしそうな香りに、つい引き寄せられる

和食 —— おでん

(南) とりだしおでん さもん なかめぐろてん
03-6712-2818〈予約不可〉 18席+スタンド

目黒区上目黒3-5-31 中目黒高架下／16:00〜翌2:00（LOフード翌1:00、ドリンク翌1:30）、金・土曜〜翌3:00（LOフード翌2:00、ドリンク翌2:30）／無休／各線中目黒駅西口2から徒歩2分

MAP

品数豊富で栄養満点

体よろこぶ和定食

季節を感じながらプレートランチを

1

2

1. ガーデンプレート（ミート）2300円。小皿の内容は仕入れ状況により変更になる　2. 上野恩賜公園内という最高のロケーション

077
EVERYONEs CAFE

東京都を産地とする食材のほか、旬の素材を使ったランチメニューやデザートが人気の、体に優しいヒーリングカフェ。メインに東京産の豚肉を使ったガーデンプレート（ミート）は、野菜もたっぷりでバランスばっちり。

（東）エブリワンズ カフェ
03-5815-8251〈予約不可〉　166席
台東区上野公園8-4／10:00～21:00、土・日曜・祝日 9:00～／無休／JR上野駅公園口から徒歩3分

MAP

078
ふ定食屋

添加物を使わない安心・安全な旬の食材を扱っている自然派定食屋。メニューは主菜、副菜、ご飯のおともなどが自分でカスタマイズできる。その日の気分や体調に合わせて、自分好みの献立を組み立てられるのがうれしい。

1・2.できたてアツアツを提供 3.私のふ定食。主菜600円〜、副菜200円〜、ご飯のおとも180円。主菜3〜6種、副菜約15種から選べる

西 ふていしょくや
080-4574-0854〈予約可〉 17席

渋谷区恵比寿4-5-23 ルイシャトレ恵比寿101／7:30〜15:00(LO14:30)、17:30〜22:30(LO21:30)、土・日曜・祝日7:30〜22:30(LO21:30)／水曜休／JR恵比寿駅東口から徒歩2分

MAP

心があったまる
カスタマイズ定食

和食 ── 定食

曜日限定メニューを狙え！

豊洲市場の名物定食

豊洲で働く人に愛される
洋食・フライの名店

079 八千代

2018年に築地から移転した豊洲市場は水産物や野菜が集まる卸市場。事前予約必須のマグロのセリ見学は圧巻。休市日をチェックして訪れよう。また、豊洲市場の人気スポットの一つが飲食店街。寿司や天ぷら、うなぎ、蕎麦、中華、洋食、カレーなどさまざまな店舗が営業しており、市場で働く人々や一般来場者を迎えている。そのうちの1店「八千代」は創業100年を超える人気定食店。名物の2日間煮込んだチャーシューエッグは曜日限定で提供される。

096

1. チャーシューエッグ定食1800円 2. チャーシューエッグは火・木・土曜限定で提供される 3. 明るく広々とした店内。壁には多数のメニューが 4. 豊洲市場入口

和食 ── 定食

東 やちよ
📞 03-6633-0333〈予約不可〉 🪑 16席

江東区豊洲6-6-1 管理施設棟3F／
7:00〜売り切れ次第終了／
休みは市場に準ずる／ゆりかもめ市場前駅から徒歩3分

MAP

097

肉を使わない焼肉

極上の刺身を焼く

「焼魚」で新境地を切り開く

080 築地焼うお いし川

築地で新たな魚の楽しみ方を提案する店。一見すると焼き肉屋のようなメニューを、海鮮だけで表現する「肉を使わない焼き肉」を堪能できる。こちらでまずトライしたいのは、肉で言うと特上カルビの大トロ、上カルビのような中トロ、とらふぐなど実に贅沢なネタを使用する「本日の厳選5種」。表面をサッと炙ることで、閉じ込められた脂が口に入れた瞬間にジュワッとあふれだす。魚より肉という人でも、初めての魚のおいしさにきっとハマるはず。

098

1. 赤酢を使ったしゃり（小330円）の上にのせていただこう 2. 2階は半個室スタイルになっている 3. 本日の厳選5種1人前5240円（写真は2人前） 4. スタッフさんが焼いてくれる。絶妙な加減が最大のポイントだ

和食 —— 魚

東 つきじやきうお いしかわ
03-3541-3804〈予約可〉
42席

中央区築地4-13-5 築地青空三代目別邸
1・2F／11:00〜14:30（LO14:15）、
17:30〜22:00（LO21:30）／月曜休／
地下鉄築地駅1番出口から徒歩5分

MAP

099

自分へのご褒美は **上質なお肉を**

洋食通を虜にしてきた
馴染みのある味わい

081
にっぽんの洋食
赤坂 津つ井

1950年の創業以来、箸で食べられる「にっぽんの洋食」を提供。慣れ親しんできた"日本の調味料"を使うことにこだわっている。名物はビフテキ丼。黒毛和牛のロースを網焼きでベストな状態に焼き上げた逸品だ。

しっとりとやわらかいロース肉に甘めのタレ、バター、ブラックペッパーの風味。ランチ（サラダ、赤出し、自家製お新香付）3300円

(南) にっぽんのようしょく あかさか つつい
☎ 03-3584-1851〈予約可〉　🪑 102席

港区赤坂2-22-24／11:30〜14:30(LO)、17:00〜21:30(LO)／土・日曜・祝日休／地下鉄赤坂駅5b出口から徒歩6分

MAP

百年以上愛される伝統の味

明治28年から続く名店のすき焼を丼で味わえる

082
浅草今半 国際通り本店

1895年創業。秘伝の割り下を用い、浅めの鍋で焼くようにサッと煮た名物の「浅草今半流すき焼」を丼でいただける明治すきやき丼（2970円）は1日20食限定。

(東) あさくさいまはん
こくさいどおりほんてん
📞 03-3841-1114〈予約可※ランチは不可〉　💺136席

台東区西浅草3-1-12／11:30〜21:30(LO20:30)、ランチは最終入店14:00／無休／つくばエクスプレス浅草駅A2出口から徒歩1分

MAP

083
浅草牛光

京都で大行列の牛光が2023年7月浅草に上陸。肉まぶし（1408円）は、まずはそのまま、次は薬味、最後は茶漬け風に。極上の肉寿司やステーキも堪能できる。

(東) あさくさうしみつ
📞 03-6231-7019〈予約可〉　💺80席

台東区花川戸1-2-8／11:30〜15:30(LO15:00)、17:30〜21:00(LO20:30)／火曜休／東武スカイツリーライン東武浅草駅から徒歩5分

MAP

コスパ最強の極上肉まぶし

さらにボリュームアップしたい時はお肉増しも可能

和食 — 肉

一度は食べておきたい

東京のソウルフード

084
月島名物もんじゃ だるま 粋な店

50種類以上のもんじゃ焼きが楽しめる店。定番のもち明太子チーズもんじゃから、オリジナルまで豊富に揃う。なんとも贅沢な蟹味噌もんじゃ（2563円）は、最後に入れる溶き卵がズワイガニとマッチする至福の一品。

いか・たこ・エビ・ホタテ・カニ・しらす・あさりが入った、だるまくんもんじゃ 1782円

海鮮もりもりの豪快なもんじゃが人気

(東) つきしまめいぶつもんじゃ だるま いきなみせ
03-5534-8128〈予約可〉　60席
中央区月島1-22-1-123／11:00〜23:00、土・日曜・祝日 10:30〜／無休／地下鉄月島駅7番出口から徒歩1分

MAP

102

085
もんじゃ近どう 本店

昭和25年創業。戦後まもなく駄菓子屋の一角でもんじゃを焼いていたのが始まり。明太子が丸ごとのったもちチーズ明太子もんじゃや、ボリュームたっぷりで具沢山の特製近どうもんじゃ（1650円）がおすすめ。

もちチーズ明太子もんじゃ 1700円。チーズと明太子の相性が言うまでもなく最高

月島の街を見守ってきた
もんじゃの老舗

和食―もんじゃ

(東) もんじゃこんどう ほんてん
03-3533-4555〈予約可〉 132席
中央区月島3-12-10／17:00〜22:00、土・日曜・祝日 11:30〜／無休／地下鉄月島駅8番出口から徒歩8分

MAP

専門店続々登場！

おにぎり戦国時代

086
学大おむすび マルムス

見た目も楽しい、素材にこだわったおにぎり。店内で焼いた銀鮭を丁寧に手でほぐして混ぜ込む「手ほぐしシャケとごまむすび」や、スライスした焼き豚をミルフィーユ状に重ねた「鹿児島産 極うす炙り焼き豚むすび」などが人気。

まるい形の可愛らしいおむすび

手ほぐしシャケとごまむすび292円、玄米 すっぱい梅むすび292円、鹿児島産 極うす炙り焼き豚むすび410円など豊富にラインナップ

🅂 がくだいおむすび マルムス
📞 090-6480-0332〈予約不可〉 🪑 6席

目黒区鷹番3-2-1 学大市場／9:30〜17:00、
土・日曜・祝日10:00〜17:00（売り切れ次第終了）／
不定休／東急東横線学芸大学駅から徒歩すぐ

MAP

104

087
Minoaka Deli & Cafe Hawaiian Style "OMUSUBI"

ハワイを感じる
フィンガーフード

香ばしくグリルしたスパムに卵とたくあんを合わせたおむすびや、カルアピックテリヤキなど、ハワイの食文化と日本の食材がコラボしたカラダに優しい"OMUSUBI"が味わえる。

1. ミノアカスパム450円　2. ハワイの伝統食をおむすびにした、カルアピックテリヤキ420円　3. とろける旨味のジューシーサーモン420円

(西) ミノアカデリアンドカフェ ハワイアンスタイル"オムスビ"
☎ 03-6384-5324〈web予約のみ可 https://minoaka2024.jp〉
🪑 なし（テイクアウトのみ）

渋谷区神宮前2-6-10 CORAL Bldg. 1F／10:00〜18:00／不定休／地下鉄明治神宮前〈原宿駅〉5番出口から徒歩10分

MAP

(南) おにぎり こんが
あかさか
ビズタワーてん

☎ 03-6441-2624〈予約可※テイクアウトのみ〉
🪑 10席

港区赤坂5-3-1 赤坂Bizタワー B1F／8:00〜19:30(LO) ※イートインは10:30〜14:00、16:00〜18:00／無休／地下鉄赤坂駅1・3a・3b出口直結

MAP

088
おにぎり こんが 赤坂Bizタワー店

大塚の超人気店「おにぎりぼんご」直系のおにぎり屋専門店。一品一品丁寧に仕込んだ具材を、ツヤツヤに輝くごはんでふわっと握るおにぎりの、空気を含んだ軽い食感がクセになりそう。

口の中で
ふわっとほどける

鮭やたらこなどベーシックなものから変わり種まで、種類豊富なおにぎり378円〜。名店ぽんご譲りの職人技で握るおにぎりは絶品

和食 — おにぎり

約130年の歴史を紡ぐ名店で

古き良き洋食の元祖を味わう

懐かしくも
プロの技が光る
不朽の名品

明治誕生オムライス2700円。ふんわり卵に包まれた和風の味付けのご飯が、どこか懐かしい味わい

1. 趣のある佇まい 2. 4代目店主の木田浩一朗さん 3. 元祖ポークカツレツ2800円。揚げ物に千切りキャベツを添えるスタイルも煉瓦亭が元祖とされる

089 煉瓦亭

創業は1895（明治28）年。初代店主が西洋料理を日本人向けにアレンジしたメニューを開発し、ポークカツレツやオムライスなどさまざまな洋食の元祖としても知られる。
看板メニューのポークカツレツは、創業時に出していた仔牛肉のカツレツ「ビールコートレット」をヒントにしたもの。今も当時の作り方を受け継ぐ。
銀座の一等地に佇む建物や店内の雰囲気もレトロな趣。日本元祖の洋食は、今日もなお人々を魅了し続けている。

洋食

（東）れんがてい
03-3561-3882〈予約不可〉 110席

中央区銀座3-5-16／11:15〜15:00(LO14:00)、17:30〜21:00(LO20:00)／日曜休／地下鉄銀座駅A10・B1出口から徒歩3分

MAP

107

愛され受け継がれてきた味

老舗町洋食で食べたい一皿

外はカリッ、中はふかふかの
食感がたまらない

090
洋食 入舟

かつて東京屈指の花街だった大森に、お座敷洋食店として1924年創業。海老フライは、4代目店主の松尾信彦さんが「よりおいしい食材を」と厳選した、最高品質のニューカレドニア産「天使の海老」を使用。上品な甘さが秀逸だ。

🔵南 **ようしょく いりふね**
📞 03-3761-5891〈予約可〉　🪑 70席

品川区南大井3-18-5／11:30〜14:00(LO13:30)、17:00〜21:00(LO20:30)
※売り切れ次第終了／日曜休／京急本線大森海岸駅から徒歩4分

1. 天使の海老 海老フライ1650円　2. 2階には趣深い座敷が7間設けられ、椅子席が並ぶ　3. 1階は開放感あふれるスペース

MAP

飴色玉ねぎの旨味とコクが
あふれる伝統スープ

091
芳味亭 人形町本店

1933年の創業以来、多くの著名人に愛されてきた。看板メニューのビーフスチュー3410円をはじめ、伝統の味を受け継いでいる。

1. 冬季限定のオニオングラタンスープ1210円。玉ねぎの甘みとチーズの香ばしさが後を引く 2. 煉瓦色の和モダンな店内

(東) ほうみてい にんぎょうちょうほんてん
03-3666-5687〈予約可〉 45席
中央区日本橋人形町2-3-4／11:00〜15:00、17:00〜22:00(LO21:00)、土・日曜・祝日11:00〜22:00(LO21:00)／12/31、1/1休、ほか不定休あり／地下鉄人形町駅A3出口から徒歩3分

MAP

牛肉はホロッと崩れる
ほどのやわらかさ

092
ヨシカミ

創業は1951年。ファンの多いビーフシチューは、じっくり煮込んだ牛肉がたっぷり。こだわりのデミグラスソースも絶品だ。

1. ビーフシチュー3200円 2.「うますぎて申し訳ないス！」の看板が目印。ご飯にもパンにも合うメニューが豊富に揃う

(東) ヨシカミ
03-3841-1802〈予約不可〉 60席
台東区浅草1-41-4／
11:30〜21:30(LO21:00)／木曜休／
つくばエクスプレス浅草駅
A1出口から徒歩2分

MAP

洋食

109

マニアも思わず唸る！

絶品ハンバーグを食べ比べ

甘辛バランスが絶妙な和風ソース

和風ハンバーグ1320円。おろし玉ねぎを使用した特製にんにく醤油ソースが◎

肉とデミグラスソースの旨味が凝縮

煮込みハンバーグ2310円（写真に目玉焼き、付け合わせが付く）。弾力のあるハンバーグにほろ苦いデミグラスソースが合う

挽きたての炭焼きハンバーグ

牛タンハンバーグ食べ比べ定食2450円。生卵（無料）やチーズ（＋150円）のトッピングも

093
モンブラン 浅草店

名物の鉄板焼きハンバーグは、国産牛肩ロースを100%使用し、1個220gとボリューム満点。6種類のソースから選び、味わいの違いを楽しめる。

1979年に江東区森下で創業。雷門通り沿いの浅草店は、3店舗目として2000年にオープンした

(東) モンブラン あさくさてん
℡ 03-5827-2771〈予約可〉　🪑 65席

台東区浅草1-8-6 ファミール浅草ビル1F／11:00〜21:30 (LOフード21:00、ドリンク21:30)／水曜休（祝日の場合は営業、翌日休）／つくばエクスプレス浅草駅A1出口から徒歩5分

MAP

094
グリルグランド

3代目シェフの坂本良太郎さん、経営面を担う兄・昌一さんが、兄弟二人三脚で店を切り盛りする。伝統のデミグラスソースは2週間煮込んで完成。

1941年創業。観光客でにぎわう浅草の喧騒を抜けた住宅街に店を構える。店内はレトロな雰囲気

(東) グリルグランド　℡ 03-3874-2351〈予約可〉　🪑 50席

台東区浅草3-24-6／11:30〜13:45 (LO)、17:00〜20:30 (LO)／日・月曜休／つくばエクスプレス浅草駅A1出口から徒歩8分

MAP

095
ハンバーグ 嘉 表参道店

焼肉歴約25年の店主が営む人気店。牛肉100%の炭火焼きハンバーグと、五ツ星お米マイスターが選んだ釜炊きのご飯は相性抜群。ご飯はおかわり可。

おひとりさまも入りやすいモダンな店内。オープンキッチンでは目の前で豪快に焼き上げる様子も

(南) ハンバーグ よし おもてさんどうてん　℡ 03-6712-6698〈予約不可〉　🪑 23席

港区南青山5-9-3 第一南青山ビル1F／11:30〜売り切れ次第終了 (20時前後目安)／無休／地下鉄表参道駅B1出口から徒歩1分

MAP

洋食

111

アラカルトもお酒も楽しめる

通いたくなるカウンター中華

1. アラカルトメニューより、脆皮鶏（チョイペイカイ）2200円。コースは6500円〜
2. シェフとの距離感が心地よいカウンター席に加え、テーブル席も備わる

「あったらいいな」を叶える本格中国料理店

お酒も豊富です

3. 海老と野菜の避風塘(ベイフォントン)1700円 4. 店主の九鬼修一さん、彩也佳さん夫婦 5. 成都式汁なし担担麺1200円

096 香噴噴

木場で人気を博した担担麺専門店が、中華バルとして2023年8月に新生オープン。「香噴噴」とは中国語で「いい香りがぷんぷんする」の意味。パリッと香ばしい香港クリスピーチキン「脆皮鶏(チョイペイガイ)」、食欲をそそる香りのフライドガーリック炒め「海老と野菜の避風塘(ベイフォントン)」、炒め揚げたきのこの旨味、清涼感のある山椒がクセになる「成都式汁なし担担麺」など、香り高い料理が多彩に揃う。個性豊かなナチュラルワインや紹興酒とのペアリングも楽しい。

中華

(東) シャンペンペン
03-6458-4267〈予約可〉 16席

江東区東陽3-16-9/18:00〜23:00(LO22:00)、土・日曜・祝日17:00〜22:00(LO21:00) ※最終入店はLO30分前/月曜、第1・3・5火曜休/地下鉄木場駅1番出口から徒歩6分

MAP

113

東京の人気店が集結！

リピート必至の餃子四傑

酢とこしょうで食べる路地裏の名物餃子

焼餃子 770円

(南) あかさかみんみん
03-3408-4805
〈予約可※夜のみ〉
40席

港区赤坂8-7-4／11:30〜14:00
(LO13:55)、17:30〜21:30
(LO21:00)／日曜・祝日休／
地下鉄乃木坂駅
1番出口から徒歩8分

MAP

097
赤坂珉珉

皮からはみ出るほど餡が詰まった餃子は、一口食べるごとに熱々の肉汁があふれ出る。"酢こしょう"で爽やかな酸味を楽しんで。

パリッ、じゅわ〜の究極形！

098
餃子の店 おけ以

1954（昭和29）年創業。1日に約1300個売れるというパリパリの羽つき餃子は白菜たっぷり。仕込みに3日間をかけて提供される。

餃子 600円

(中央) ぎょうざのみせ おけい
03-3261-3930〈予約不可〉 26席

千代田区富士見2-12-16／11:30〜13:50 (LO)、17:00〜20:30 (LO)／日曜・祝日、第3月曜休／
JR飯田橋駅西口から徒歩3分

MAP

114

カリカリの揚げ餃子に黒酢餡がよく絡む

揚げ餃子（6個）700円

099
兆徳

毎日職人が一つずつ手包みする餃子の中でも、ファンが多い揚げ餃子。旨味や香ばしさが凝縮され、黒酢餡の酸味とコクが絶妙。

(北) チョウトク
03-5684-5650
〈予約可〉 20席

文京区向丘1-10-5／
11:30～14:30、17:30～22:00／
月曜休／地下鉄本駒込駅
1番出口から徒歩2分

MAP

つるんとなめらか！　3度茹での水餃子

水餃子 1300円

100
餃子の店
您好

注文が入ってから手包みする、昔ながらの手作り餃子。もっちりした皮からあふれ出す力強い肉餡が特徴。焼餃子1300円も必食。

中華

(西) ぎょうざのみせ ニイハオ
03-3465-0747〈予約可〉 39席

渋谷区西原2-27-4 2F ／17:00～22:00（LO21:30）／
日・月曜休／
京王新線幡ヶ谷駅南口から徒歩3分

MAP

115

並んででも食べたい！

愛され続ける**町中華**の名店

101 鶏舎

五目ウマニかけ飯1100円。野菜や豚肉など具材たっぷりのアツアツ餡かけ。ボリュームも満点

都心の閑静な住宅街に佇む店には、連日大行列で有名な夏季限定の冷やし葱そばの他にも、多彩なメニューが揃う。店主の腕から次々に生み出される料理は、もはや感動の域。著名人や業界人が足しげく通う町中華として知られるが、一人でも気軽に入りやすい雰囲気も魅力だ。

メニュー選びに
迷う幸せも！
絶品中華の宝庫

トリソバ1000円。鶏と豚を煮込んだ特製スープとネギの香りが引き立つ塩ダレ、カイワレの食感が後を引く

(南) チーシャ
03-3463-5365〈予約不可〉　18席

目黒区青葉台3-9-9／11:15～14:30、17:00～20:00
（水・土曜はランチのみ）／日曜・祝日休／東急田園都市
線池尻大橋駅東口から徒歩8分

MAP

1日に300食売り上げる
名物チャーハンに悶絶

チャーハン900円。強火で手早く炒められた米は、パラリとした絶妙な食感

102 龍朋

創業は1978年。黄色の軒先が目印の繁盛店だ。人気のチャーハンの具は卵、ネギ、チャーシューのみとシンプルだが、やわらかい角切りチャーシューがゴロゴロと入り、醤油の香りが食欲をそそる。豚骨や鶏ガラ、かつお節などからダシを取った付け合わせのスープも秀逸。

開店から休憩を取らず通しで営業。どの時間帯も客足が途切れず、店内は老若男女でにぎわう

🈂 リュウホウ
📞 03-3267-6917〈予約不可〉 👥 34席

新宿区矢来町123 第一矢来ビルB1F ／11:00〜22:00／日曜、祝日の月曜休／地下鉄神楽坂駅2番出口から徒歩1分

MAP

中華

117

どこかレトロな雰囲気もツボ！
ネオン煌めくニュースクール町中華

豪快な盛り付け！

1. 壁にはメニューの写真がずらり 2. メイン2種、サイド1種のランチプラッター1320円 3. メインやサイドを選べるスタイル

アメリカのチャイナタウンに迷い込んだ気分!?

103 OSCAR Vegan American Chinese

下北沢の商業施設「ボーナストラック」内にある、日本初のヴィーガン中華レストラン。ジャンクな印象のアメリカンチャイニーズを、肉や卵など動物性食品を一切使わずに作っているのがユニークだ。選べるサイドメニューには、大豆ミートを使用した「オレンジチキン」、エビのプリプリ感をコンニャク等で再現した「ウォルナッツ・シュリンプ」など、趣向を凝らした一品が並ぶ。異国情緒漂う店内で、旅気分も味わえる食体験が叶う。

(西) オスカー ヴィーガン アメリカン チャイニーズ
03-6823-7496〈予約不可〉 66席

世田谷区代田2-36-15 BONUS TRACK内／11:30〜21:00 (LO20:00)／火・水曜休／小田急線下北沢駅南西口から徒歩4分

MAP

118

ネオンが映える

1. 骨なしスペアリブの黒酢豚980円、蝦仁（エビ）炒飯1080円など人気メニューが勢揃い　2. 店名を入れた紫色のネオンサインが目印　3. 京都産九条葱の熟成とろとろ鴨そば880円

104 フーフー飯店

テーブルいっぱいの料理を囲む幸福感

居酒屋をはじめ多種多様な飲食店がひしめく錦糸町で、エキゾチックな雰囲気を漂わせる中華料理店。目でも舌でも楽しめる名物料理を歴任した腕利きのシェフ。本格中華をベースに、厳選した食材にこだわって作る多彩なメニューが評判だ。人気メニューのひとつ「蝦仁（エビ）炒飯」は、身がふっくらしたエビを贅沢に使用し、旨味たっぷりで食べ応えも満点。ランチから〆の一杯まで、シーンを問わず利用できるのもうれしい。

東 フーフーはんてん
03-6658-5120〈予約可〉　40席

墨田区錦糸4-1-7／11:00～23:30（LOフード22:30、ドリンク23:00）／無休／JR錦糸町駅北口から徒歩1分

MAP

中華

本場の味をそのままに！

韓国人気店発の名物グルメ

激辛トッポッキはSNSでも話題！

1. フライドチキンやキンバ、天ぷらなどメニューも多彩　2. シンジョンチーズキンバ780円
3. ロゼトッポッキ850円。天ぷらや揚げ餃子はトッポッキソースをつけて食べても美味

(西) シンジョントッポッキ しんおおくぼてん
03-6709-6940〈予約不可〉 40席

新宿区百人町1-7-5 座ビル2F／
11:00〜21:00／無休／
JR新大久保駅から徒歩3分

MAP

105
シンジョントッポッキ 新大久保店

1999年に韓国本店が誕生し、現在では700店舗以上を展開するチェーン店。人気のロゼトッポッキは、ミルトッ（小麦の餅）に生クリームと牛乳が入り、濃厚でクリーミーな味わいが特徴。

旨辛スープがクセになる韓国式イイダコ鍋

1・2. チュクミにサムギョプサルを加えたチュサムは1人前2640円。エゴマの葉と大根で包んで食べる　3. 鍋の〆におすすめのアルマニチャーハン（中）1100円。とびこの食感が◎

106
ホンスチュクミ 新宿本店

㊄ ホンスチュクミ しんじゅくほんてん
☎ 03-6278-9365〈予約可〉　🪑 30席

新宿区百人町1-5-24 1F／11:00〜16:00（土・日曜・祝日〜16:30）、17:00〜23:00（LO22:00）／元日、1/2休／西武新宿線西武新宿駅北口から徒歩3分

MAP

「チュクミ」とは韓国語でイイダコのこと。韓国の本店はソウルの弘大にある。イイダコを野菜やトッポッキと一緒に、スパイスを発酵させた特製ソースで炒めたチュクミは、後引くおいしさ。

エスニック

ハズせない！ 好吃(ハオツー)な

台湾4大ローカルグルメ

小籠包（ショウロンポウ）

魯肉飯（ルーローハン）

熟練の技が光る
極薄皮の名物小籠包

108
鼎泰豐 新宿店

「台湾といえば小籠包」というイメージを世界に知らしめた超有名店。点心師が毎日手作りする、具が透けて見えるほどの極薄皮の小籠包はまさに芸術品。旨味が凝縮されたスープがあふれ出る。小籠包4個680円、6個1020円。

🈳 ディンタイフォン しんじゅくてん
📞 03-5361-1381　💺170席
渋谷区千駄ヶ谷5-24-2 タカシマヤタイムズスクエア本館12F／11:00〜23:00(LO22:00)／無休(休みは施設に準ずる)／JR新宿駅新南口から徒歩1分

MAP

絶妙なトロ加減は
屋台で食べたあの味！

107
帆帆魯肉飯

台湾好きの店主が作る魯肉飯は、豚バラ肉の赤身を小さく、脂身を大きく調整しながら丁寧に手切りすることで、トロッとした極上の食感に。店内の内装や食器も台湾一色！ 写真は魯肉飯（並）セット 煮卵とスープ付き1100円。

🈳 ファンファンルーローハン
📞 03-6805-2807〈予約不可〉　💺12席
世田谷区三軒茶屋1-5-17／12:00〜15:00(LO14:30)、17:00〜20:00(LO19:30)、土・日曜12:00〜19:00(LO18:30)／月・水曜休／東急田園都市線三軒茶屋駅南口から徒歩7分

MAP

なめらか、ぷるん食感
の伝統スイーツ

110
東京豆花工房

都内初の台湾伝統豆花専門店としてオープン。毎朝豆乳から作る完全無添加の豆花は、シンプルなのに滋味深い味わい。甘く煮たピーナツや緑豆など豊富なトッピングもすべて手作り。プレーン豆花550円、トッピング豆花800円。

㊥ とうきょうまめはなこうぼう
☎ 03-6885-1910〈予約不可〉 6席

千代田区神田須田町1-19／
11:30〜19:00（売り切れ次第終了）／
水曜休／地下鉄淡路町駅
A3出口から徒歩3分

MAP

台湾式煮込み麺料理を
日本スタイルに

109
台湾佐記麺線＆
台湾食堂888

台湾で親しまれる麺線を、日本人に受け入れやすいスタイルで提供。カツオダシが効いたとろみのあるスープに、煮込んだモツと鶏肉、アサリを加えて旨味たっぷり。台湾独自の細麺によく絡む。佐記麺線770円（ディナー時）。

㊄ タイワンサキメンセン アンド
タイワンショクドウハーバーバー
☎ 03-3365-3050〈予約可〉 8席

新宿区西新宿7-12-12 サギヤビル101
／11:30〜14:00、18:00〜22:00
（売り切れ次第終了）※月曜は
ランチのみ営業／日曜休／
地下鉄西新宿駅
E8出口から徒歩1分

MAP

ベトナムの国民食ブンって何だ?

現地ではフォーよりポピュラー!?

国産米麺の自家製ブンはツルシコな新食感!

フランスで大人気の汁なし麺、ボブン1650円。コシがあり、つるりとした食感の極細米麺に、牛肉や野菜、揚げ春巻きの具材を混ぜ合わせながら食べる。スイートチリソースを使った甘酸っぱいタレがやみつきに

1. 薬膳スープの鶏肉ブン1430円 2. ベトナムの雑貨屋で見つけたという家具や調度品が店内を彩る 3. 新潟県産の米と北海道産の馬鈴薯を独自に配合し、毎朝店で製麺 4. ソースのピリ辛味が後を引く冷菜、とろ茄子グリルの葱油かけ990円。ナチュラルワインと楽しんで

111 Stand Bò Bún

学芸大学のフレンチベトナミーズ「スタンドバインミー」の姉妹店が、祐天寺にオープン。ブンとはベトナムで親しまれている米麺で、糊化させた米粉をところてんの要領で押し出して作る、白くて丸い形状が特徴だ。このブンがフランス・パリに渡り独自に進化した料理が、店名に冠した「ボブン」。野菜や肉と一緒に甘辛のタレと絡めて食べるボブンは、素材の味を活かすため、無添加・無化調にこだわる。毎日食べたくなる、体に優しいブンをぜひ。

エスニック

 スタンド ボ ブン
03-6303-2245〈予約可〉 18席

目黒区祐天寺2-3-2／11:00～15:00(LO14:30)、17:00～21:00(LO20:30)／火曜休／東急東横線祐天寺駅東口から徒歩2分

MAP

ローカルスタイルを発信

112
タイ屋台999
下北沢店

タイ・バンコクの有名店「クワンヘン」で学んだレシピで作る名物カオマンガイ（990円）をはじめ、個性豊かな屋台グルメが並ぶ。タイ語のカラフルな看板など、内装も本場の屋台の雰囲気を再現。

（西）
タイやたい
カオカオカオ
しもきたざわてん

📞 03-6450-7399〈予約可〉　🪑 44席

世田谷区北沢2-11-15 ミカン下北 A街区 A-207／11:30〜23:30（LOフード22:30、ドリンク23:00）、水曜11:30〜15:00（LO14:30）、17:00〜23:30（LOフード22:30、ドリンク23:00）／12/31、1/1休／各線下北沢駅中央口から徒歩1分

MAP

ディープを楽しむタイ天国

1

2

味も空間も
本場の屋台
100％再現を目指す

1. トムヤムクンラーメン1039円。米麺を使用した「クイティオトムヤム」。濃厚エビダシの酸っぱ辛いトムヤムスープがクセになる　**2.** バンコクの屋台そのもの！

126

野菜やハーブを使った爽やかな郷土料理

1. 名物ソムタムをはじめ、スパイシーなサラダのラーブ、特製フライドチキンなどメニューが充実 **2.** イサーン地方の伝統を取り入れたインテリアが店内を彩る **3.** イサーンスペシャルセット1680円

113
ソムタム ダー 虎ノ門店

タイ東北部の郷土料理「イサーン料理」専門店。本店はバンコクにあり、日本2号店が虎ノ門横丁にオープン。名物は青パパイヤのサラダ、ソムタム。辛み、酸味、甘みなどが絶妙に絡み合う逸品。

エスニック

㊐ ソムタム ダー とらのもんてん

📞 03-6550-9667〈予約可※ディナーのみ〉
🪑 24席

港区虎ノ門1-17-1 虎ノ門ヒルズ ビジネスタワー3F 虎ノ門横丁内／11:30〜15:00(LO14:15)、17:00〜23:00(LO22:00)、日曜・祝日〜22:00(LO21:00)／無休(休みは施設に準ずる)／地下鉄虎ノ門ヒルズ駅直結

MAP

127

香り豊かなインド風炊き込みご飯

ビリヤニ入門

114 エリックサウス 高円寺カレー＆ビリヤニセンター

カレー激戦区の高円寺で話題を集める、南インドのカレーとビリヤニの専門店。バスマティライスを、チキン、マトン、野菜、魚介などの具材やスパイスと一緒に炊き込んだビリヤニは、常時6種類以上を揃える。中でも注目のメニューが、ビリヤニの聖地ハイデラバードの古典的な宮廷料理を再現した「ロイヤルカッチビリヤニ」。スパイスやヨーグルトに漬け込んだビーフ・チキンの生肉と米を蒸し焼きに。上品でまろやかな香りに包まれる逸品だ。

ご飯と具材、スパイスが織りなす総合芸術

エスニック

エリックサウス こうえんじカレー アンド ビリヤニセンター

📞 03-5356-8803〈予約可 ※ランチは11:30のみ〉
🪑 30席

杉並区高円寺南4-49-1／
11:30〜15:00、17:00〜22:00／
水曜休／
JR高円寺駅南口から徒歩2分

MAP

1. チキンとキーマの2種類のビリヤニが楽しめる、ツインビリヤニ1350円 2. ロイヤルカッチビリヤニ1997円 3. 前菜とラッサムスープが付く、炊き待ちセット605円 4. クラフトコーラサワー528円。インドではビリヤニにはコーラが主流 5.「ビリヤニは奥が深い」と話す店長の荒木雄登さん

129

店主のこだわりが炸裂！

個性派キーマカレーに沼り中

味の変化も楽しめる芸術的なひと皿

1. 月替わり三種のカレー全がけ1450円（写真は一例）　2. 〆はヤムスープをかけてスープカレー風に　3. 古民家を改装した店内

115
旧ヤム邸 シモキタ荘

大阪発のスパイスカレー専門店。季節の野菜を活かした月替わりの創作カレーは、旨味とスパイスが体にしみわたる。パクチーや温玉などのトッピング、特製ヤムスープで、多彩な味を堪能。

西 きゅうヤムてい シモキタそう
03-6450-8986〈予約不可〉　12席

世田谷区代沢5-29-9 ナイスビル1F／11:00～15:00 (LO14:30)、18:00～21:00 (LO20:30)、土・日曜・祝日11:00～15:30 (LO15:00)、17:30～21:00 (LO20:30)／火曜休／小田急線下北沢駅南西口から徒歩5分

MAP

1

スタンディングが斬新
後引く極旨カレー
116
SANZOU TOKYO

千葉県柏市の名店「カレーの店ボンベイ」のDNAを受け継ぎながら、新たなスタイル、味を提案。滋味深いカレーは全9種類。

㊄ サンゾウ トーキョー
☎ 03-5738-7744〈予約不可〉
♨ なし（スタンディングのみ）

世田谷区北沢3-19-20
reload 1-7／
11:00〜20:00(LO19:30)／
不定休／各線下北沢駅から徒歩4分

MAP

1. ウルルカレー 1200円。鶏ひき肉とスパイスのじわじわ広がる辛み＆旨味がクセに
2. ギャラリーのようなモダンな店内

2

原宿の路地裏で輝く
"白キーマ"の衝撃
117
MOKUBAZA

上からチーズソースをかけた「チーズキーマカレー」の発祥店。20時間以上をかけて作るカレーは、心地よいスパイシーさが絶妙。

1

㊄ モクバザ ☎ 03-3404-2606
〈予約可※ディナーのみ〉 ♨ 20席

渋谷区神宮前2-28-12／11:30〜15:00(LO14:30)、18:00〜22:00(LO21:30)
※月・火曜はディナーのみ／日曜、月・火曜の祝日休／地下鉄北参道駅2番出口から徒歩6分

MAP

3

1・2. アボカドチーズキーマカレー（卵付き）1480円。アボカドととろけるモッツァレラチーズがマッチ 3. お酒も充実

『ミシュランガイド東京2024』掲載！

世界に誇る至高のラーメン

五感を満たす"純国産らぁめん"を追求する

MICHELIN GUIDE ビブグルマン初掲載！

特上塩らぁめん1900円。天然貝、地鶏ダシの透き通ったスープが美しい

店主の奥地守さんは、ラーメン業界で12年間にわたり商品開発や店舗経営の第一線で活躍。独立後、2023年4月に同店をオープンさせた

118
Japanese Ramen 五感

開店1年目でビブグルマンに選出。「日本の旨いものを再構築し発信したい」と、スープのダシから、トッピング、調味料まで国産、天然ものにこだわる。

（北）ジャパニーズ ラーメン ごかん
非公開〈要予約※TableCheckにて〉 7席
豊島区東池袋2-57-2 コスモ東池袋101／
11:30〜15:00／月・火曜休／
各線池袋駅29番出口から徒歩9分

MAP

異色の気鋭シェフが奏でる芸術的な一杯

MICHELIN GUIDE ビブグルマン 初掲載！

1. 塩らぁ麺1450円。スープには宍道湖しじみのダシで貝の旨味をプラス 2. 醤油らぁ麺1450円。地鶏と醤油の香りを楽しめる

カナダのレストランで8年間のシェフ経験があり、またDJという別の顔を持つ店主の柳瀬拓郎さん。新宿御苑前と中目黒に姉妹店を展開

119
Ramen Break Beats

店名は、店主が好きな音楽ジャンル「ブレイクビーツ」から命名。熊本の地鶏「天草大王」をはじめ、厳選食材の持つ力を最大限に引き出した一杯は絶品。

(南) ラーメン ブレイク ビーツ
📞 非公開〈要予約※TableCheckにて〉 🪑8席

目黒区目黒4-21-19 アイビーハイツ1F／11:30〜15:30／月・火曜休、ほか不定休あり／東急東横線祐天寺駅東口から徒歩13分

MAP

ラーメン

MICHELIN GUIDE 5年連続掲載

黄金色のスープが輝く
究極の中華そば

1

3

2

120
銀座 八五

店主はフレンチの道を極めた名匠。コンソメスープからヒントを得たという、タレを使わずに生ハムから塩味と旨味を引き出したスープは、唯一無二の味わい。

1. 味玉中華そば1400円。チャーシューの上にのったペッパーキャビアの香りがアクセントに 2. 肉ご飯500円。残ったスープを注いでお茶漬け風にも 3. 8.5坪の店内にはカウンター6席が配され、凛とした雰囲気が漂う。店はミシュラン一つ星に2年連続掲載

(東) ぎんざ はちごう
📞 非公開〈予約可※12:00〜、TableCheckにて〉　💺6席
中央区銀座3-14-2 第一はなぶさビル1F／11:00〜
当日の並び順での案内（スープがなくなり次第終了）、
12:00〜予約者案内／月曜休、火曜不定休／
地下鉄東銀座駅A7出口から徒歩3分

MAP

134

MICHELIN GUIDE 9年連続掲載

中華の技が光る
旨味を味わう担担麺

1

121
創作麺工房 鳴龍

ラーメン店として史上2店目のミシュラン一つ星を獲得。丸鶏、牛骨、生牡蠣などを煮込んだスープに、自家製芝麻醤や辣油を効かせた、旨味あふれる逸品。

1. 担担麺1300円。おすすめのトッピングはパクチー150円、自家製の麻辣醤100円 **2.** よだれ鶏500円。低温真空調理した鶏肉はやわらかくジューシー **3.** 洗練された雰囲気の店内には、カウンター席とテーブル席が備わる。地下の専用スペースでは店主自ら製麺

㊗ そうさくめんこうぼう なきりゅう
📞 03-6304-1811〈要予約※整理券制〉 🪑 12席
豊島区南大塚2-34-4 SKY南大塚1F／11:00〜15:30／火曜休／地下鉄新大塚駅1番出口から徒歩5分

ラーメン

MAP

135

香りも味わいも華やかで個性豊か！

クラフトジンの魅力に開眼

蔵前発のエシカルなクラフトジンに注目

1. ジンカクテルは各種900円〜。それぞれのジンの"香り"に合う料理も充実している。写真はシェフのおまかせ3品2500円など　2. 酒粕を再蒸留した「LAST ELEGANT」2475円（375㎖）　3.「CACAO ÉTHIQUE」3300円（375㎖）はカカオの皮を活用　4. カウンター席に加え、スタンディング席や個室も設ける　5. 1階には蒸留所も

122
Stage by Ethical Spirits

日本酒を造ったときに出る酒粕など、未活用資源・素材を使用し生産したエシカル・スピリッツのジンを楽しめるバー＆ダイニング。1階のオフィシャルストアではクラフトジンボトルを購入可能。

(東) ステージ バイ エシカル スピリッツ
非公開〈予約可〉　14席

台東区蔵前3-9-3 臼井ビル2F／18:00〜23:00（LOフード22:00、ドリンク22:30）／日・月曜休／地下鉄浅草線蔵前駅A0出口から徒歩2分

MAP

136

国内外から約200種の
ジンを揃える

123
THE HISAKA

角打ちジン酒場とバーの2つの顔をもつ。角打ちではジントニックやジンソーダを、バーではオリジナルカクテルを堪能できる。

(北) ザ ヒサカ
☎03-4363-9683〈予約可〉 24席
豊島区高田3-8-5 セントラルワセダ1F／
15:00～23:00（15:00～17:00は
ジントニックタイム）／無休／
JR高田馬場駅早稲田口から徒歩3分

MAP

1. 隠れ家的な店内 2. 熊は本より蜂蜜
1760円。熊本産クラフトジン「BEAR'S
BOOK」を使用。クマはほうじ茶寒天！

蒸留所併設のバー＆
居酒屋でカジュアルに

124
酒食堂 虎ノ門蒸留所

東京の島焼酎と青梅の湧き水を原料とするジン「COMMON」など、時季の素材を使用し店内で蒸留。居酒屋料理と一緒に楽しんで。

(南) しゅしょくどう
とらのもんじょうりゅうじょ
☎03-6834-0049〈予約可〉 100席

港区虎ノ門1-17-1 虎ノ門ヒルズ
ビジネスタワー3F 虎ノ門横丁内／
11:30 ～ 15:00 (LO14:30)、17:00 ～
23:00 (LO22:00)、土・日曜・祝日12:00
～22:30 (LO21:30)／
無休（休みは施設に準ずる）／
地下鉄虎ノ門ヒルズ駅直結

MAP

1. 広々とした店内 2. レギュラージン「COMMON」。ハイボールやトニック割がおすすめ 3. ジンハイボール880円 4. ジンモヒート1320円

居酒屋＆バー

世界屈指の夜景を一望！

大都会を見下ろす天空バーで乾杯

レインボーブリッジやお台場などの美しい夜景を見渡せる特等席

㊗ ルーフトップ バー
📞 03-6830-7739
〈予約可〉 78席

港区虎ノ門1-23-4 虎ノ門ヒルズ
森タワー52F アンダーズ 東京内／
17:00〜24:00 (LO23:30)、
金・土曜〜翌1:00 (LO24:30)／無休／
地下鉄虎ノ門ヒルズ駅
地下歩行者通路より
B1出口直結、徒歩3分

MAP

125
ルーフトップ バー

虎ノ門ヒルズ 森タワーの最上階にある、ラグジュアリー ライフスタイルホテル「アンダーズ 東京」のバー。開放感あふれる空間で、ミクソロジストによるクリエイティブなカクテルが楽しめる。

138

キラキラと輝く
ロマンチックな東京を独り占め

居酒屋&バー

フランス産ウォッカ「グレイグース」をベースに、甘酒、抹茶、柚子などを使用したカクテル、清姫甘酒2640円（サ別）

52階・地上250mに位置。店内はテラス、ラウンジ、カウンターの3つのエリアが設けられ、中には茶室をイメージしたソファ席も

酒屋で買ったお酒をその場で飲める

魅惑の角打ち体験

とびきりの美酒に
お酒も会話も弾む♪

1

126 学大ますもと Sake & Apéro

1933（昭和8）年創業の老舗酒販店の2号店。四合瓶を中心に品数豊富で、定番の銘酒から限定ものまで厳選＆信頼の品揃え。店内の奥には角打ちスペースが設けられ、レアなシャンパンや日本酒がグラスで飲めるなど、お酒好き界隈で話題を呼ぶ人気店だ。

1. 立ち飲みで乾杯　2. お好み珍味3種盛り1000円、酒粕クリームチーズ400円。シャンパンは1400円〜（価格は変動あり）

(南) がくだいますもと サケ アンド アペロ
03-3710-2020〈予約不可〉 なし（スタンディングのみ）

目黒区鷹番2-19-23 サンビームプラザビル1F／10:30〜20:00、日曜・祝日〜19:00／月曜休／東急東横線学芸大学駅東口から徒歩1分

MAP

140

仲良し三姉妹が経営する日本一お茶目!?な角打ち

127 みますのとなり

赤羽で70年以上続く地酒専門店の角打ちとして営業。カウンターの立ち飲み席では、地酒だけでなく焼酎、ウイスキー、ビールなど多彩なお酒が楽しめる。唎酒師の資格を持つ姉妹がセレクトしたお酒の飲み比べセットもあり、若い世代や女性の常連客も多い。

1. おすすめはカルダモン焼酎サワー600円 2. 上から、ガリさば420円、揚げワンタン500円

(北) みますのとなり
📞 03-3907-0727〈予約可〉 🚭 なし（スタンディングのみ）
北区桐ケ丘1-9-1-7／16:00〜20:00、土・日曜・祝日13:00〜18:00 ※混雑時は2時間制／月・火曜休／JR赤羽駅西口から徒歩20分

居酒屋＆バー

MAP

141

レアな一杯に出合いたい

128
Taihu Tokyo

台湾の人気ブルワリー「臺虎精釀 Taihu Brewing」の日本初となる直営タップルーム。爽やかなラガータイプからフルーツやスパイスを使ったものまで、常時10種類以上のラインナップが楽しめる。

アジア発のクラフトビールに熱視線！

台湾式居酒屋 "熱炒(ルーチャオ)" スタイルを満喫

㊄ タイフー トーキョー
☎ 03-6265-3078〈予約可〉　🪑 54席

新宿区神楽坂4-4 河庄ビル／
17:00〜23:00、
土・日曜15:00〜23:00／
無休／地下鉄飯田橋駅
B4b出口から徒歩4分

MAP

1. ワールド・ビア・アワードで金賞を受賞したタイフー IPA（缶）1400円　2. 台湾産の金柑を手搾りで加えたタイフー金柑ラガー（缶）1400円　3. グループで楽しむなら2階のテーブル席へ（料理はイメージ）
4. 1階はビアバー。タップは800円〜

142

ビールの概念が変わる!?
香港発の個性派ビール

1. 右から、フルーティーなクレイジー リッチ ルプリンズ、爽快なフィールズ グッド マン各1050円 2. フードも充実 3. ビールは常時12タップ、その他海外ボトルビールも多数用意

129
carbon brews tokyo

2018年に香港で生まれた気鋭のブリュワリーが手がけるクラフトビアバーが、赤坂にオープン。クリエイティブなレシピで造るビールはどれも絶品。ビールの常識を超える味と楽しさを体感できる。

(南) カーボン ブリュース トーキョー
03-6426-5332〈予約可〉 30席

港区赤坂3-14-2 ドルミ赤坂 B1F／
17:00〜23:30、土曜・祝日
15:00〜22:00／日曜休／
地下鉄赤坂駅1番出口から
徒歩2分

MAP

居酒屋＆バー

話題のネオ横丁スタイルで

ほろ酔いホッピング

1〜5階を回遊しながらハシゴ酒を楽しむ！

(東) ハシゴろう
中央区日本橋人形町1-19-5 エムズクロス人形町1〜5F／地下鉄人形町駅A5・A6出口から徒歩1分

北海道と沖縄の美味を一度に楽しめる

130
北海道肉巻きと琉球煮込み料理
でたらめ

2F

北海道と沖縄の人気店がタッグを組んだ居酒屋。自然豊かな大地が育んだ山海の幸や名物グルメが充実。琉球泡盛もラインナップ。

右から時計回りに、名物のレタス肉巻き780円、沖縄SPAMカツ720円、果実ごろごろ冷凍シークワーサーサワー 700円

(東) ほっかいどうにくまきとりゅうきゅうにこみりょうり でたらめ　☎非公開〈予約不可〉　🪑20席
12:00〜24:00(LOフード23:00、ドリンク23:30)／無休
(休みは施設に準ずる)

MAP

タコス×日本酒のユニークな世界が広がる！

中華料理から発想を得たタコスのラム＆クミン590円、スパイシーなタコスと相性抜群のどぶろくライムサワー 890円

131
Kitade Tacos & Sake

2F

北海道産トウモロコシを使用した自家製トルティーヤに、さまざまな具材を挟んだ絶品タコスが名物。厳選した日本酒にも注目を。

(東) キタデ タコス アンド サケ　☎03-6231-0033〈予約可〉　🪑19席

12:00〜14:30(LO14:00)、17:00〜23:00(LOフード22:00、ドリンク22:30)、土・日曜・祝日12:00〜23:00(LOフード22:00、ドリンク22:30)／不定休

MAP

144

ハシゴ楼

今宵の舞台はコチラ

「ハシゴ酒×楼閣」をコンセプトに、さまざまなジャンルの18店が集結。全店舗でキャッシュレスシステムを導入

部位の食べ比べも楽しい！名物のラム串

ラム串3種、冷菜小皿（写真は干し豆腐とピーマン和え）、ビールが付いた、ハシゴセット1500円

132 商館味坊　4F

中国地方料理店を展開する「味坊集団」が手がける。おすすめは、クミンで味付けした羊肉を串焼きにしたラム串。やみつき必至。

(東) ショウカンアジボウ
070-3288-4935〈予約可〉　22席
11:00〜14:30(LO14:00)、16:30〜23:00(LO22:30)、土・日曜・祝日11:00〜23:00(LO22:30)／無休（休みは施設に準ずる）

MAP

前菜からメインまでワインが進む！

ミニサイズの前菜盛り合わせとワインが付いた、ハシゴセット1500円。メインの牛ハラミ肉やラムランプ（各1950円）も絶品

133 nanoru namonai 人形町店　5F

代々木八幡の人気ワインビストロの姉妹店。多彩な前菜や肉料理、パスタなど本格的なひと皿を、豊富なワインとともに楽しめる。

(東) ナノル ナモナイ にんぎょうちょうてん
03-6810-8311〈予約可〉　22席
11:30〜14:30(LO14:00)、16:30〜23:00(LOフード22:00、ドリンク22:30)／無休（休みは施設に準ずる）

MAP

居酒屋＆バー

人気店のパンを味わう

ベーカリーレストラン

元銀行をリノベした
おしゃれな空間

見た目も美しい創作フレンチ。ランチはランチコース4400円〜、平日限定ランチセット2800円。写真の料理はイメージ

134 Bistro yen

食とライフスタイルの複合ショップ「BANK」の一画にあるビストロ。同施設に入るベーカリー「bank」のパンに合う料理を味わえる。初鰹のたたきにキウイを合わせるなど、その時期の旬の食材を取り入れた斬新な組み合わせで作り上げる美しいひと皿が、多くの人を魅了する。

洗練された内装。食事に合う自然派ワインも豊富に揃えている

(東) ビストロイェン
☎ 050-3595-0835〈予約可〉 35席
中央区日本橋兜町6-7 兜町第七平和ビル1F／11:30〜14:30、18:00〜21:30／水曜休／地下鉄各線茅場町駅10番出口から徒歩3分

MAP

146

パン党必見の ベーカリーブランチ

BRUNCH1980円。パン4つ、デリサラダ、少なめパスタ、スープから1品＋ティーフリーサービス。ブランチは90分制、14:00まで

パンは15種類からセレクト。ラインナップは毎月変更される

135 flour+water 虎ノ門

中目黒の人気ベーカリー「flour+water」の姉妹店。旬の食材をふんだんに使用した一品料理と好みのパンを選び、さらに20分に一度サーブされるフリーの紅茶付きというコスパ最強ブランチに連日大行列。加水率100％のもちもちパン、ワンハンドレッドはぜひ試したい。

🅂 フラワーアンドウォーター とらのもん
📞 03-6206-7980〈予約※17:00以降のみ可〉　🪑 65席

港区虎ノ門2-6-1 虎ノ門ヒルズ ステーションタワー4F ／ 10:00〜23:00、日曜・祝日〜22:00（LO各1時間前）／無休／地下鉄日比谷線虎ノ門ヒルズ駅直結

MAP

パン

147

いい香りで一日をスタート

外せない名ブーランジェリー

時代を牽引する名店の進化が止まらない

3

2

1

136
AMAM DACOTAN
表参道

福岡に本店を置く大人気ベーカリー。2024年、約120種の全商品のうち半分をリニューアルし、更なるおいしさを追求したラインナップに。

1. カボチャとモルタデッラとナッツソースサンド 486円 **2.** マッチャッチャイ 389円 **3.** マリトッツォアラモード 529円

南 アマム ダコタン おもてさんどう
非公開 25席

港区北青山3-7-6／11:00〜19:00
(売り切れ次第閉店)／
不定休／地下鉄表参道駅
B2出口から徒歩2分

MAP

148

朝から活気あふれる
人気ベーカリー

137
Comme'N TOKYO

パンの世界大会で、日本人初の総合優勝を果たした大澤秀一シェフの店。ずらりと並ぶパンの中から、対面式販売で選ぶのも楽しい。

1. 自家製クリームたっぷりのミルク・フランス 464円 2. フランス産発酵バターが香るクロワッサンA・O・P378円

西 コム・ン トウキョウ
https://commen.jp/ 〈予約不可〉 なし
世田谷区奥沢7-18-5 1F／
7:00〜18:00／無休／
東急大井町線
九品仏駅から徒歩1分

MAP

どれも驚きのある
毎日でも飽きないパン

138
BEAVER BREAD

スタンダードに少しエッジを効かせたパンが人気。チョコではなくカカオニブを使用するメロンパンは、ほろ苦さと食感が◎。

東 ビーバー ブレッド
03-6661-7145 〈予約可〉 なし
中央区東日本橋3-4-3 1F／
8:00〜19:00、
土・日曜・祝日〜18:00／
月・火曜休／
地下鉄馬喰横山駅
A2出口から徒歩4分

MAP

1. 大人の味わいのメロンパン280円 2. もっちりしっとり食感のパン・ド・ミ1本800円

パン

149

人気ベーカリーの仕掛け人に聞く
愛される店づくりとは？

「AMAM DACOTAN」など数々の人気店を手がける
稀代のヒットメーカーに、注目の新店について聞きました。

dacō 中目黒

行列が絶えない人気ベーカリー「アマムダコタン」や生ドーナツ店「アイムドーナツ」を率いるオーナーシェフ、peace put代表の平子良太さん。マリトッツォや生ドーナツなど、ブームの火付け役となったヒット商品を生み出してきたが、「こんなパンあったら」という平子さん自身の経験からアイデアが生まれることが多いと話す。また、パンの陳列方法や内装、スタッフの制服にも自身の世界観を表現。そこには「お客様にワクワクする体験を届けたい」という想いが込められている。
2024年8月には「ダコー 中目黒」がオープン。小ぶりな食べきりサイズのパンを扱うダコーの都内3店舗目となり、コンセプトは「パンもドリンクも主役のベーカリーカフェ」。パンはリベイクして提供するなどできたてにこだわり、研究を重ねて開発した約50種類のドリンクも揃う。ランチからデザート、ドリンクのみの休憩まで、幅広いシーンでの使い

1. イタリアンシェフの経歴をもつ代表の平子さん 2. ダコー 中目黒で人気のダコーバーガー 429円など。オリジナルドリンクも種類豊富 3. 約40種類のパンが並ぶ圧巻の光景

勝手のよさも魅力だ。「この店が日常にとって特別な場所で、身近な存在になれたら」と平子さん。
2024年度をめどにアイムドーナツがニューヨークに初出店予定。進化系ベーカリーの快進撃は続く。

南 ダコー なかめぐろ
非公開〈予約不可〉 60席
目黒区上目黒1-3-18／11:00〜20:00／不定休（Instagram要確認）／
各線中目黒駅東口1出口から徒歩3分

MAP

150

カフェとスイーツ

CHAPTER 4
140 ▷ 189

焙煎所併設カフェ
コーヒースタンド / 純喫茶
異世界カフェ / ティーサロン
クレープ / パフェ / 抹茶
ドーナツ / アサイーボウル

コーヒーラバーを夢中にさせる
シドニー発の焙煎所併設カフェ

より日常に寄り添う新たなコーヒーカルチャーを墨田区・両国から発信中

かつて木材倉庫だった建物をリノベーション。焙煎所や生豆保管庫、カフェスペースを設ける

140
Single O Ryogoku Roastworks/Café

オーストラリア・シドニー発のコーヒーカンパニー「Single O」の日本1号店が、10周年を機に移転。2024年5月に焙煎所併設のカフェとしてオープンした。注目は、ビールサーバーのようにタップから自分でコーヒーを注ぐことができる"コーヒーオンタップ"。スペシャルティコーヒーがわずか10秒で注がれる。本場シドニースタイルのフードメニューもおすすめ。

自分で注ぐ楽しみを体験できるタップコーヒーは4種類。1杯500円〜

豆本来の甘みを引き出し、苦すぎず酸っぱすぎない風味に焙煎。週末は焙煎所が一部開放され、焙煎機を眺めながらコーヒーを味わうことも

カフェ

(東) シングル オー リョウゴク
ロストワークス / カフェ

📞 03-6240-4455〈予約不可〉
🪑 15席（週末は35席）

墨田区亀沢3-21-5／10:00〜18:00／月・火曜休／地下鉄両国駅A2出口から徒歩9分

MAP

AVO SHOW1800円（ポーチドエッグ+100円）。シドニー本店でも愛される、サワードウブレッドのアボカドトースト

153

奥渋谷エリアのハブ的存在！

NZスタイルで名物フラットホワイトを

ブランドカラーの赤と白を取り入れた店舗デザインもおしゃれ

コーヒースタンドでひと休み

141 Coffee Supreme Tokyo

30年の歴史を持つニュージーランド発のスペシャルティコーヒーロースターの日本1号店。おすすめは、エスプレッソにミルクを加えたフラットホワイト。苦みと甘みのバランスが絶妙で、豊かな味わいを楽しめる。センス抜群のオリジナルグッズも要チェックだ。

アートもキュート

フラットホワイト640円。エスプレッソの濃厚な味を堪能。焙煎は神奈川・辻堂の店舗で行う

㊄ コーヒー スプリーム トーキョー
📞 03-5738-7246〈予約不可〉 🪑6席

渋谷区神山町42-3／8:00〜18:00／無休／
地下鉄代々木公園駅2番出口から徒歩6分

MAP

154

142 CAMELBACK
sandwich & espresso

右から、すしやの玉子サンド550円、自家製ラムベーコン＆ドライトマトとパクチー1150円、Camel Black（アメリカーノ）500円

元寿司職人のシェフと、ラテアートで有名なカフェで修業したバリスタがタッグを組む。サンドイッチは具に合わせて3つのパン屋のバゲットを使い分けるこだわりよう。コーヒーはその日の豆の状態や気候などを計算して抽出され、豆の旨味が詰まった一杯を楽しめる。

オリジナルサンドとコーヒーは相性抜群！

テイクアウトはもちろん、店外に置かれたベンチで飲食もできる

カフェ

西 キャメルバック サンドイッチ アンド エスプレッソ
03-6407-0069〈予約不可〉 3席
渋谷区神山町42-2／8:00～18:00／無休／
地下鉄代々木公園駅2番出口から徒歩7分

MAP

こだわりのビーントゥバーを体験

カカオの世界へと誘う秘密カフェ

店内奥のイートインスペースは、パリのカフェを思わせるおしゃれな雰囲気

カカオの可能性は無限大！
多彩な自家製スイーツの
トリコに

143 LA BASE de Chez Lui

代官山で約50年の歴史を持つ洋菓子店「シェ・リュイ」の新業態として、2024年3月にオープン。店内に並ぶボンボンショコラや焼き菓子、ジェラートなどのさまざまな商品は、カカオ豆からチョコレートを一貫して製造するビーントゥバー製法で作られている。

さらに、「産地や収穫時期によって異なるカカオの味の面白さを伝えたい」と、商品ごとに産地を使い分けているのも興味深い。この店でカカオの新たな魅力に出合えるはず。

1. ボンボンショコラ1個432円 2. モンブラン864円。果肉部分を使ったカカオパルプのジュレと和栗が絶妙にマッチ。カカオを余すところなく使いSDGsにも取り組む 3. ショーケースに並んだ商品は、思わず目移りしてしまうラインナップ 4. ジェラート シングル740円〜、ダブル840円〜。写真は、フローラルな香りが特徴のペルー産カカオを使用したカカオソルベ、ピスタチオ 5. シェフショコラティエの酒井將駄さん

(西) ラ バーズ ドゥシェ リュイ
03-6712-7563〈予約可〉 17席

渋谷区代官山町20-23
フォレストゲート代官山 MAIN棟1F／
10:00〜20:00(LO19:30)／
火曜休(祝日の場合は営業)／
東急東横線代官山駅
中央口から徒歩1分

MAP

カフェ

157

昭和レトロな純喫茶で

不朽の名作を味わう

コーヒーと相性抜群な2種類のエクレア

アンティークブレンド1070円、注文後にシュー生地を温めクリームを詰めるエクレア690円

144
トリコロール本店

コーヒーの普及を目的に1936（昭和11）年に創業。人気のアンティークブレンドコーヒーは、オーダーが入ってから豆を挽き、昔と変わらぬネルドリップ方式で丁寧に抽出。お好みでナッツをかけて食べる名物エクレアを一緒に。

重厚感あるアンティーク家具が店内を彩る

(東) トリコロールほんてん
03-3571-1811〈予約不可〉　49席
中央区銀座5-9-17／8:00〜19:00(LO18:30)／火曜休／地下鉄銀座駅A3出口から徒歩3分

MAP

ケチャップライスに
ふわとろ玉子をオン

145
喫茶 you

コーヒーとサンドイッチの店として1970(昭和45)年に創業。2000年頃にメニューに仲間入りしたオムライスが大人気に。

(東) きっさユー
03-6226-0482〈予約不可〉 48席
中央区銀座4-13-17／11:00〜16:00(LO)、土・日曜・祝日〜15:30(LO)／水曜休／
地下鉄東銀座駅5番出口から徒歩1分

MAP

1. オムレツはマーガリンで焼き優しい風味に。オムライス1500円〈ドリンク付き〉
2. 歌舞伎座の裏路地にひっそり佇む

昔ながらの懐かしい
味わいのナポリタン

146
カフェテラス
ポンヌフ

1967(昭和42)年の創業から変わらない味を求めて通う常連客も多い。銀のプレートにのったナポリタンは、まろやかで優しい味。

(南) カフェテラス ポンヌフ
03-3572-5346〈予約不可〉 25席
港区新橋2-20-15 新橋駅前ビル1号館1F／11:00〜14:30(LO)、18:00〜20:30(LO) ※ディナーは金曜のみ／土・日曜・祝日休／
JR新橋駅汐留口から徒歩1分

MAP

1. 少しやわらかめに茹で上げた太麺と特製ソースが決め手。スパゲッティ・ナポリタン1000円　2. 昭和の雰囲気を残す店内

カフェ

159

緑や花に囲まれた癒やし空間

都会のオアシスでプレートランチを

青々と生い茂るグリーンや花々がお出迎え

1. 緑と花に覆われた外観　2. モーニングプレート1000円（単品）。甘さ控えめに仕上げたフレンチトーストは、お好みでメープルシロップを　3. 緑の天井が幻想的な雰囲気を演出

147
i2 cafe

青山通りから細い脇道を入ると、緑に覆われた建物が出現。店内には植物や熱帯魚が悠々と泳ぐ水槽が置かれ、非日常を感じる癒やし空間。モーニングとともに朝からパワーチャージしてみては。

(南) アイツー カフェ
☎ 070-8498-8302〈予約不可〉 25席

港区南青山3-9-1 ABlim1F／
8:00〜17:00 (LO16:00、
土・日曜16:30)
※朝食メニューは11:00まで／
無休／地下鉄表参道駅
A4出口から徒歩5分

MAP

花を愛でながら味わう色とりどりのプレートランチ

1. フラワーショップ奥の階段を上るとロフト席が出現　2. 季節の花、個性的な花が多数並ぶ
3. 日替わりランチのA.C.P.プレート平日1500円、休日1700円。ドリンクセットは+200円

148
終日 one

カフェ

クラフトビールバー、カフェ、フラワーショップと3つの顔をもち、"終日"さまざまな使い方ができるユニークな店。スパイスから仕込む日替わりカレー（ランチ）のほか、自家製スイーツも評判だ。

西 しゅうじつワン
03-5738-8501〈予約可〉　24席

渋谷区上原3-44-11／11:30〜19:00
(LOフード18:00、ドリンク18:30)、
金曜〜23:30 (LO23:00)
※18:00以降は夜メニュー／
木曜休（祝日の場合は営業）／
各線代々木上原駅
西口から徒歩2分

MAP

"この店舗だけ"の特別感に浸る "限定"スタバ3選

1. エスプレッソ マティーニ（2200円）などが楽しめるカクテルバーも設置　2. 期間限定の不定期で開催されるアフタヌーンティー（写真はイメージ）　3. 1階メインバーでは、バリスタおすすめの抽出方法で淹れたコーヒーの飲み比べも

日本で唯一のロースタリー併設店

149 STARBUCKS RESERVE® ROASTERY TOKYO

世界に6店舗しかないSTARBUCKS RESERVE® ROASTERYのうちのひとつ。地上4階建ての店内では、フロアごとに音や視覚を通してコーヒーを身近に体験できる仕掛けもたくさん。

(南) スターバックス リザーブ® ロースタリー トウキョウ
☎ 03-6417-0202〈予約不可〉　🪑 300席

目黒区青葉台2-19-23／7:00〜22:00／不定休／各線中目黒駅西口1出口から徒歩14分

MAP

イタリアの名店との
コラボレーション

150
スターバックス リザーブ®ストア 銀座マロニエ通り

イタリアンベーカリー「プリンチ®」のパンやサンドイッチなどを提供。お酒とイタリアンフードのおつまみを楽しめる「アペリチェーナ」（17時～完全予約制）も話題。

1. 店内で焼き上げたパンがずらりと並ぶ **2.** フォカッチャ ピッツァ マルゲリータ 1025円 **3.** カスタード入りのボンボローニ クレマ 420円 **4.** プリンチ® ブレンド（トール）500円

（東）スターバックス リザーブ®ストア ぎんざマロニエどおり
03-3567-5713〈予約可※アペリチェーナのみ〉 111席
中央区銀座3-7-3 銀座オーミビル1F／
7:00～22:00／不定休／
地下鉄銀座駅A12出口から徒歩5分

MAP

限定ドリンクも！
サステナビリティ拠点

151
スターバックス コーヒー 皇居外苑 和田倉噴水公園店

環境に配慮し、国際認証を取得した「グリーナーストア」の日本1号店。日本の伝統を感じる和砂糖やプラントベースミルクなどを使用した限定ビバレッジも見逃せない。

（中央）スターバックス コーヒー こうきょがいえん わだくらふんすいこうえんてん
03-6273-4844〈予約不可〉 70席
千代田区皇居外苑3-1／
7:00～21:00／不定休／
地下鉄大手町駅D6出口から
徒歩6分

MAP

1. 公園内に立地 **2.** 内装には廃材をアップサイクルしたアートや照明を使用 **3.** 和三蜜 ムース フォーム アーモンドミルク ラテ（トール）595円

カフェ

飲食とエンタメを融合させた

ニューレトロな異世界カフェ

アンティークの家具や食器に見惚れる贅沢な時間

ドリップコーヒー600円〜。兵庫・西宮市にあるロースター「ゆげ焙煎所」のコーヒー豆を使用

14種のスパイスを配合

1. 旅する喫茶のチキンカレー 1100円（パクチー追加＋200円） 2. 青空のクリームソーダ 900円

152 旅する喫茶

旅するクリームソーダ職人のtsunekawaさん、カレー職人の玉置さんが店主を務める。隠れ家のような店で楽しめるのは、店主が旅先で見つけた食材やおいしかったものを取り入れたメニューの数々。全国各地を旅して出会った人との縁を大切に、地方の魅力を伝えている。

㊄ **たびするきっさ**

☎ 非公開《予約不可※土・日曜・祝日のみ事前整理券制》 🪑16席

杉並区高円寺南4-25-13 2F／12:00〜20:00（夜喫茶20:00〜24:00 ※不定期営業）、月曜15:00〜23:00（パフェ限定営業）／不定休／JR高円寺駅南口から徒歩1分

MAP

153 純喫茶ジンガロ

"お花"がキュート！

1. カフェラテ 880円 2. バナナブルーベリーマフィン 720円。村上氏が手がける「となりの開花堂」が監修

サブカルの聖地とも呼ばれる中野ブロードウェイに、世界的アーティスト村上隆氏がプロデュースする喫茶店がある。レトロな雰囲気の中に、村上氏の代表的なモチーフ"お花"のデジタルアートが飾られるなど、古さと新しさが共存する店内は、若者や訪日の観光客にも人気だ。

 (西) じゅんきっさジンガロ
℡ 03-5942-8382〈予約不可〉 29席

中野区中野5-52-15 中野ブロードウェイ2F／12:00〜19:00／火・水曜休／各線中野駅北口から徒歩6分

 MAP

デジタルとアナログが融合したネオ純喫茶

カフェ

1970〜80年代に人気を博したゲームの筐体をテーブル代わりに。実際にプレイ可能（1プレイ500円）

お目当てはコチラ！

"三人三色" のパンケーキ

思わずうっとり♡
端正なルックスの
正統派

1. ホットケーキ1760円（ドリンク付き）
2. バターを溶かし、お好みで別添えのメープルシロップをかけて

154
ウエスト 青山ガーデン

銀座に本店を構える老舗洋菓子店の喫茶室。緑に囲まれたガーデンテラスやクラシカルな室内ラウンジで食べたいのは、注文を受けてから焼くふわふわのホットケーキ。静寂に浸る優雅なひと時を。

南 ウエストあおやまガーデン
📞 03-3403-1818〈予約不可〉　👤 68席

港区南青山1-22-10／11:00～20:00／無休／
地下鉄乃木坂駅5番出口から徒歩3分

MAP

外サクッ、中ふわふわ
食事系パンケーキ

155
PATH

ダッチパンケーキは、ブランチタイム（朝から14時まで）の人気メニュー。ビストロ料理やワインを楽しめるディナーもおすすめ。

1. ダッチパンケーキ 生ハムとブッラータ 1960円　2. メープルシロップとの甘じょっぱさがクセに

🅆 バス　📞 03-6407-0011
〈予約可※ディナーコース料理のみ〉　🪑23席

渋谷区富ヶ谷1-44-2 A-FLAT1F／8:00〜14:00
(LO13:00)、18:00〜23:00(LO22:00)／月曜、
火曜ブランチ、日曜ディナー休／
地下鉄代々木公園駅1番出口から徒歩2分

MAP

自家製オランデーズ
ソースがたっぷり

156
紅鶴

名物はふわふわに焼き上げるスフレスタイルのパンケーキ。毎朝8時30分から店頭にて当日100人分の時間指定整理券を配布する。

1. ベーコンと目玉焼き 2300円。はちみつやマーマレードも挟み、甘さと塩気が◎　2. 銅板で焼く

🅔 べにづる
📞 03-3841-3910〈要予約※店頭予約のみ〉　🪑14席

台東区西浅草2-1-11／10:00〜17:00
(LO16:30)／無休／つくばエクスプレス
浅草駅A2出口から徒歩3分

MAP

カフェ

見た目もお腹も大満足

157
eggslut
新宿サザンテラス店

アメリカ・ロサンゼルス発の卵料理専門店。サンドは季節商品を含め全8種類。濃厚な平飼い卵やフランス産発酵バターを使用。

1. 右からチーズバーガー1265円、フェアファックスサンド1045円、ベーコンエッグチーズサンド1045円　2. モダンな内装

(西) エッグスラット しんじゅくサザンテラスてん
03-6773-0424〈予約不可〉 24席
渋谷区代々木2-2-1
新宿サザンテラス1F／
8:00〜21:00／不定休／
JR新宿駅南口・
新南口から徒歩1分

MAP

ビジュアル系サンドが最強！

卵がフワッ、トロッ！　究極のエッグサンド

1

2

1. マクベス1600円。ハギスとチェダーチーズ、キャラメルオニオンなどをサンド　2. 表参道のコミュニティ型商業施設内にある

158
DEENEY'S TOKYO

ロンドンのストリートフード発祥の店が日本にも誕生。スコットランドの伝統料理「ハギス」をサンドしたトースティが人気。

アツアツ、とろり♥
幸せのトースティ

1

(西) ディーニーズ トーキョー
非公開〈予約不可〉
なし(施設共有スペースに座席あり)
渋谷区神宮前4-4-4
B-Flat COMMUNE内／
11:00〜22:00／不定休／
地下鉄表参道駅
A2出口から徒歩1分

MAP

168

1. いちごサンド盛り（時価・季節限定）。提供時期に一番おいしいイチゴを厳選し使用 2. 広々としたテラス席もおすすめ

美しい断面に胸躍る芸術的フルーツサンド

159
ダカフェ 恵比寿店

愛知県の老舗青果店「ダイワスーパー」がプロデュース。毎朝市場で"味利き"した旬のフルーツを使用したメニューが充実。

㉗ ダカフェ えびすてん
☎ 080-7139-6610〈予約可〉 🪑 40席
渋谷区恵比寿南3-11-25
プリンススマートイン恵比寿1F／
6:30〜18:00（モーニング〜11:00）／無休／地下鉄恵比寿駅
5番出口から徒歩3分

MAP

160
NEW NEW YORK CLUB BAGEL & SANDWICH SHOP

好きなベーグルと具材を選び、トッピングも追加できるカスタムベーグル店。テイクアウト専門だが、店前のベンチで食べることも。

1. 右からユニコーンベーグル（オレオモンスター）1220円、レインボーカラー 810円（週末限定） 2. ベーグルの通信販売も行う

㉘ ニューニューヨーククラブ ベーグル アンド サンドイッチ ショップ
☎ 03-6873-1537〈予約可〉 🪑 なし
港区麻布十番3-8-5／9:00〜17:00
（売り切れ次第終了）／不定休／
地下鉄麻布十番駅
1番出口から徒歩3分

MAP

ニューヨーカーも驚く!? カラフルベーグル

海外気分を味わえる

本格派ティーサロン

フランス流紅茶を楽しむ
優雅なティータイム

161 マリアージュ フレール 銀座本店

1854年にパリで創業し、世界35カ国・約500種類以上のお茶を扱う紅茶専門店。2・3階のサロン ド テでは、紅茶とともにお茶を使った本格的なフランス料理やスイーツを楽しめる。パリ本店の雰囲気を再現した店内で、フランス流紅茶芸術の世界に触れてみたい。

1. お茶を使用したサラダやケーキも 2. 種類豊富な紅茶はポットサービスで1650円～ 3. 1階では茶葉や茶器を販売 4. 季節限定の茶葉はギフトにもおすすめ

東 マリアージュ フレール ぎんざほんてん
☎ 03-3572-1854〈予約不可〉 128席

中央区銀座5-6-6／11:00～20:00
(2・3Fサロン ド テは11:30～)／無休／
地下鉄銀座駅A1出口から徒歩1分

MAP

170

非日常な空間で
台湾茶の世界を満喫

1. 細部までフォトジェニックな店内 2. 芳醇な香りの奇莱山高山烏龍茶（熟香）1430円 3. 店主の何 宛樺（カ エンカ）さん 4. アフタヌーンティーセット1760円

162 台湾茶藝館 桜樺苑

鮮やかな赤と水色の配色が目を引く店内では、産地から直接仕入れたこだわりの台湾茶を提供。おすすめは、自家製スイーツと台湾風軽食が一度に楽しめるアフタヌーンティーセット。丁寧に淹れた香り高いお茶を味わいながら、ゆったりと流れる時間に身を委ねてほしい。

（西）たいわんちゃげいかん インファエン
📞 03-6804-0106（予約可※12:00または12:30のみ） 26席
世田谷区三軒茶屋1-5-9／12:00～18:00／
日・月・火曜休／
東急田園都市線三軒茶屋駅南口B出口から徒歩7分

MAP

カフェ

生地にこだわりアリ
おとなのシンプルクレープ

目黒川沿いのお散歩で
至福のカフェタイムを

164
neel 中目黒店

住宅街の路地にある隠れ家カフェ。ブルーグレーの壁や細部にまでこだわったインテリアがおとぎの世界のよう。外皮がサクサクのクレープはクリームなしでもリッチな味わい。シンプルシュガーバターバタークレープ610円（テイクアウトは560円）。

(南) ニールなかめぐろてん
☎ 03-5708-5323
〈予約可※テイクアウトのみ〉
19席

目黒区青葉台1-25-9／
9:00～20:30 (LO20:00)／
無休／各線中目黒駅西口1から
徒歩7分

MAP

人気パン屋が作る
日常に寄り添うクレープ

163
La CREPERIE BONNET D'ANE

三宿の人気パン屋「ブーランジェリー ボネダンヌ」が手がける。バゲットに使用する良質な小麦粉を使ったクレープは外はサクッ、中はもっちり。有塩バターとグラニュー糖のクレープ（464円）はシンプルながらあとを引くおいしさ。

(西) ラ クレープリー ボネダンヌ
☎ 03-6805-5848
〈予約不可〉 なし

世田谷区三宿1-30-4
グランフォート三宿1F／
11:00～14:00、
15:00～18:00／火・水曜休／
東急田園都市線
池尻大橋駅西口から徒歩13分

MAP

172

国産小麦にこだわった
生地が抜群に美味！

166
GH COOKIES.

レストラン&カフェ「GARDEN HOUSE」初のベーキングスイーツショップ。ミルで挽いた紅茶の生地や季節のフルーツを使い、常にアップグレードするクレープが好評。写真右から無花果ロイヤルミルクティー780円、焼きりんごキャラメルシナモン700円。

焼きたての
いい香りに誘われて

165
ホルン

天井からぶら下がるホルンのインテリアがかわいい店内に、手作りの定番スイーツや季節限定ケーキ、焼き菓子、焼きたてのパンがズラリと並ぶパティスリー&ブーランジェリー。12時から販売する焼きたてのクレープ（500円〜）は要チェック！

(西) ジーエイチ クッキーズ.
📞 03-6407-9899〈予約不可〉 🪑 なし

世田谷区北沢 3-19-20 reload 1-9／11:00〜19:00／無休／各線下北沢駅中央口から徒歩4分

MAP

(西) ホルン
📞 03-6804-8265〈予約不可〉 🪑 18席

渋谷区上原 1-2-1／10:00〜18:30 (LO18:00)、クレープ12:00〜18:00、ショップ10:00〜19:00／不定休／地下鉄代々木公園駅1番出口から徒歩3分

MAP

スイーツ

167
資生堂パーラー 銀座本店 サロン・ド・カフェ

創業120年以上の老舗。旬のフルーツを使ったパフェやデザートで優雅な時間を。伝統のバニラアイスクリームは創業から変わらぬ味わい。通年楽しめるストロベリーのほか、季節限定でぶどうや栗のパフェも。

(東) しせいどうパーラー ぎんざほんてん サロン・ド・カフェ

☎ 03-5537-6231〈予約不可〉
🪑 46席（変動あり）

中央区銀座8-8-3 東京銀座資生堂ビル3F／11:00〜21:00（LO20:30）、日曜・祝日〜20:00（LO19:30）／月曜休（祝日の場合は営業）／地下鉄銀座駅A2出口から徒歩7分

両方押さえるべし！

王道＆革新パフェ

王道　一度は食べてみたい王冠のようなパフェ♡

ストロベリーパフェ 2200円

MAP

168
銀座千疋屋 銀座本店 フルーツパーラー

1894年創業の高級果物専門店のパーラーで、フルーツパーラーの元祖。日本はもとより世界から厳選するフルーツのおいしさを存分に堪能できるパフェのほか、フルーツサンドも絶品。

(東) ぎんざせんびきや ぎんざほんてん フルーツパーラー

☎ 03-3572-0101〈予約不可〉 🪑 42席

中央区銀座5-5-1 2F／11:00〜18:00、土曜〜19:00（LO各閉店30分前）／無休／地下鉄銀座駅B5出口から徒歩1分

王道　果物専門店が届けるとびきりの味わい

銀座パフェ 1760円

MAP

174

169
PÂTISSERIE ASAKO IWAYANAGI

シェフパティシエール岩柳麻子氏によるアート作品のようなスイーツが楽しめる店。旬の果実などを使用するため季節によりメニューが異なり、イートイン利用は完全予約制。

革新

センスが光るパフェはまるで美しいアート

パルフェ ビジュー® 4500円〜

(西) パティスリィ アサコ イワヤナギ

📞 03-6432-3878
〈要予約 ※テイクアウト不要〉 🪑20席

世田谷区等々力4-4-5／
11:00〜18:00／月・火曜休／
東急大井町線等々力駅
北口から徒歩3分

MAP

170
夜パフェ専門店
Parfaiteria beL

コンセプトは"一日の締めくくりにおいしいパフェ"。甘さや苦味、素材の相性などを計算して作るパフェは、見た目の美しさも含めて完璧。パフェの内容は季節により異なる。

革新

もはや芸術！北海道発のシメパフェ専門店

ピスタチオとプラリネ 1980円

(西) よるパフェ せんもんてん パフェテリア ベル

📞 03-6427-8538 〈予約可 ※19:00までの来館〉 🪑A館27席、B館19席

渋谷区道玄坂1-7-10 渋谷道玄坂一丁目ビル3F／17:00〜24:00、金曜・祝前日
17:00〜翌1:00、土曜15:00〜翌1:00、日曜・祝日15:00〜24:00
(LO閉店の各30分前)／不定休／JR渋谷駅西口から徒歩4分

MAP

スイーツ

ほろ苦おとなスイーツの代表格

香り高き抹茶天国へ

京都宇治産のシングル
オリジン抹茶を贅沢に

1. 左は、抹茶抹茶抹茶プリン890円。プリン、アイス、ソース、パウダーにも抹茶を使用。上は、抹茶マンゴー750円　**2.** ゆったり落ち着ける店内

171
IPPUKU&MATCHA
代々木上原店

同じ農園でつくられた単一品種の稀少な手摘み一番茶を使用した洋のスイーツやドリンクが抹茶好きの間で話題に。苦味や渋みはなく、美しい色、爽やかで芳醇な香りと抹茶本来の甘みが楽しめる。

㊄ イップク＆マッチャ よよぎうえはらてん
📞 080-7306-8686〈予約不可〉　🪑 24席

渋谷区上原3-44-11 高宏ビル B1F ／ 12:00〜19:00、
土・日曜・祝日 11:00〜／月曜休／各線代々木上原駅西口から徒歩3分

MAP

176

京都発の日本茶専門店
浅草店限定メニューも必見

172
八十八浅草

築70年の木造民家をリノベーションした日本茶スタンド。注文を受けてから抹茶を点ててドリンクに。一番茶を使用し風味が豊か。

㊀ はとやあさくさ
☎ 03-5830-6824〈予約不可〉
🪑 カウンターのみ

台東区花川戸2-14-3／
11:00～18:00、
土・日曜・祝日 10:00～／無休／
地下鉄浅草駅
7番出口から徒歩4分

MAP

1. 濃厚な苦味と生クリームがよく合う、泡抹茶ラテ1050円。口の中に抹茶の旨味が広がる　2. 隅田公園の裏の和モダンなスタンド

オーガニック抹茶を
カジュアルに

173
THE MATCHA TOKYO OMOTESANDO

抹茶は抗酸化作用、リラックス効果などのあるスーパーフード。ここではオーガニックにこだわり、自社農園で栽培する抹茶を使う。

1. 抹茶ココナッツフロート810円。シロップに鹿児島県産黒糖を使って自然な甘みに
2. モダンな店内で点てる抹茶も好評

㊁ ザ マッチャ トウキョウ オモテサンドウ
☎ 非公開〈予約不可〉　🪑 25席

渋谷区神宮前5-11-13／
11:00～19:00／無休／
地下鉄明治神宮前〈原宿〉駅
5番出口から徒歩3分

MAP

スイーツ

全種類制覇したい！

イマドキドーナツ

コーヒーにぴったりの
シンプルドーナツ

プレーン 240円

カカオプレーン 240円

174
coffee & donuts haritts

古民家を改装した落ち着いた店内に、発酵生地を使ったふんわりもちもち食感のドーナツが時間帯により10種ほど並ぶ。シンプルな味わいで世代問わず人気。

㊄ コーヒーアンドドーナツ ハリッツ
☎03-3466-0600 〈予約不可〉 🪑6席

渋谷区上原1-34-2／10:00～16:00、土曜・祝日11:30～／日曜休（不定期営業）／各線代々木上原駅南口2から徒歩2分

MAP

175
RACINES
DONUT & ICE CREAM

果物をふんだんに使った贅沢なアイスクリームとドーナツが評判。卵とバターたっぷりのブリオッシュ生地、米粉を使うオールドファッションも要チェック。

おいしさの秘訣は
多彩な生地にあり

フレンチクルーラーいちご 290円

㊄ ラシーヌ ドーナツアンドアイスクリーム
☎03-6384-5916 〈予約可※50個以上のみ〉 🪑なし

港区北青山3-4-3 ののあおやま1F／ドーナツ10:00～22:00（ドーナツ、アイスは売り切れ次第終了）／無休／地下鉄表参道駅A2出口から徒歩4分

MAP

176
洞洞

2種類の小麦粉をブレンドした生地はふわふわでモチモチ。ガーリックやベーコンを使用したビールにも合うお食事系ドーナツにも注目。

改良を重ねた
ふわふわ生地が
自慢

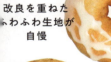

レモン 380円

ジャガベーコン 420円

㊄ ほらほら 　なし 〈予約不可〉 🪑16席

世田谷区代田2-36-19／11:00～18:00（売り切れ次第終了）／月曜休／各線下北沢駅南西口から徒歩4分

MAP

177
FarmMart & Friends

手作りドーナツとジャム、新鮮な無農薬栽培野菜、調味料などを揃えたグロサリー。イートインではドーナツのほか、クラフトビールなども提供している。

西 ファームマートアンドフレンズ
070-1381-8042〈予約不可〉 15席
渋谷区代々木3-9-5／11:00〜18:30／水・木曜休（祝日の場合は振休あり）／小田急線南新宿駅から徒歩6分

素材のよさが生きたピュアなドーナツ

超やわドーナツ 302円〜

MAP

178
I'm donut？ 中目黒

低温長期発酵のブリオッシュ生地を使用した、ふわふわ＆とろける食感の生ドーナツ。売り切れ必至なので、早めの時間に訪れるのがおすすめ。

南 アイムドーナツ なかめぐろ
非公開〈予約不可〉 なし
目黒区上目黒1-22-10／9:00〜19:00（売り切れ次第終了）／無休／各線中目黒駅東口1から徒歩1分

フランボワーズ 470円

行列必至のトレンドスイーツ

プロシュート 470円

MAP

179
THE ROASTERY BY NOZY COFFEE

高品質なシングルオリジンの豆を扱うコーヒーショップ。バターや卵をたっぷり使ったブリオッシュ生地を揚げたドーナツは食べ応え満点。

西 ザ ロースタリー バイ ノージー コーヒー
03-6450-5755〈予約不可〉 40席
渋谷区神宮前5-17-13／10:00〜20:00／無休／地下鉄明治神宮前〈原宿〉駅7番出口から徒歩5分

プレーン 450円

ブリオッシュ生地のふわもちドーナツ

MAP

スイーツ

おいしいもヘルシーも叶う

人気再燃！アサイーボウル

100%オーガニックのジューススタンドカフェ

COSMOS SPECIAL ACAI BOWL 2090円。オーガニックのアサイー、バナナ、ブルーベリー、自家製グラノーラなどで食べ応え満点

180 COSMOS JUICE TOMIGAYA

オーナー夫妻のハワイ島での経験からオープンしたオーガニック食材100%のカフェ。多彩なスーパーフードをトッピングしたアサイーボウルや国産のオーガニック食材で作るコールドプレスジュースには、ご近所はもちろん、他県からわざわざ訪れるファンもいるほど。

VITAMIN GREEN ミニ1045円、フル1683円。小松菜やココナッツウォーターなどで胃腸の疲れ、睡眠の質改善におすすめ

(西) コスモス ジュース トミガヤ
090-1253-0299〈予約不可〉 15席
渋谷区富ヶ谷2-23-5／7:00～19:00、土・日曜・祝日 8:00～／無休／各線代々木上原駅東口から徒歩10分

MAP

心と体が求める真のラグジュアリーを

Berry Goodness Bowl 1590円。ミックスベリーの爽やかな酸味と豆乳ヨーグルトのまろやかな組み合わせが絶妙

自家製グラノーラ210g 1980円。Acai Bowlに使用されている明治公園店限定の手作りグラノーラ

181 TREE by NAKED meiji park

"人生を豊かにするウェルネスこそ、ラグジュアリー"がコンセプト。ヴィーガンシェフ上田美徳監修のもと、10種類以上の原材料を合わせて完成したこだわりのアサイーボウルなどを提供。季節に合わせたトッピングの変更で、いつ訪れても新鮮な味わいが楽しめる。

🔸 ツリー バイ ネイキッド メイジパーク
📞 050-1754-8044〈予約不可〉 🪑 13席

渋谷区神宮前2-2-39 THE COURT神宮外苑1F／9:00～17:00／無休／地下鉄外苑前駅3番出口から徒歩8分

MAP

スイーツ

素材にとことんこだわった ジェラート&アイスクリーム

素材の味を生かした絶品ジェラートに夢中

トリプル 740円〜
シングル 480円〜

182
YAYOI TOKYO

数々の世界的コンテストで受賞歴を誇るパティシエ、大塚陽介さんのジェラート店。卵を使わず、一部のフルーツ系には牛乳も不使用。甘さ控えめで素材の味が際立つ。

西 ヤヨイ トウキョウ
なし〈予約不可〉 12席
世田谷区太子堂2-23-10／
14:00〜19:00、土曜13:00〜22:00、日曜13:00〜19:00／
木曜休／東急田園都市線
三軒茶屋駅
北口Aから徒歩4分

MAP

183
TUTTO

"プラントベースで感動する味を"と開発したヴィーガンジェラートは驚きのおいしさ。その秘密はジェラートマスターの熟練技と上質なアーモンドミルク。

東 トゥット
なし〈予約不可〉 5席
江東区常盤1-3-7 ラフィーヴィル
清澄白河EAST2／10:00〜18:00／
月曜休（祝日の場合は翌日）／
地下鉄清澄白河駅
A1出口から徒歩5分

MAP

心と体が喜ぶクラフトヴィーガン

コーンダブル 880円

182

184
madokara icecream

ダブル 580円
（ミルクジェラー抹茶ミルク）

濃厚アイスから爽やかジェラートまで

カフェレストラン「胃袋にズキュン」の出窓で販売する自家製アイスクリーム専門店。イタリアから届いたマシンを使用するアイスは常時6種類ほど。

(西) マドカラアイス
📞 090-1905-2122〈予約不可〉　🪑 10席
世田谷区北沢2-21-22 NANSEI PLUS1F／
11:00～21:00(売り切れ次第終了)／
月曜休／各線下北沢駅南西口からすぐ

MAP

心がスッキリする憩いのカフェのアイス

185
Bole COFFEE & ICE CREAM

アイスクリームダブル 750円
（やきいも&ピスタチオ）

下北沢近くの住宅街にある店。大きな窓から入る日差しや、温もりあるBGMが心を包み込む優しい空間では、甘すぎず濃厚なアイスクリームがいただける。

(西) ボウル コーヒー アンド アイスクリーム
📞 080-5457-1919〈予約不可〉　🪑 20席
世田谷区羽根木1-19-19 羽根木インターナショナル
ガーデンハウス CT-03／9:00～18:00／
不定休／京王井の頭線新代田駅から徒歩5分

MAP

186
teal

ジェラートダブル 750円～
（フレーバーは季節変わり）

歴史的建物で至福のスイーツタイム

渋沢栄一の旧邸宅跡に建てられた「日証館」の1階を改装。2人のシェフが食感と素材の掛け合わせにこだわったジェラートとチョコレートを提供している。

(東) ティール
📞 03-6661-7568〈予約不可〉　🪑 12席
中央区日本橋兜町1-10 日証館1F／
11:00～18:00(LO17:00)／水曜休／
地下鉄日本橋駅D2出口から徒歩5分

MAP

スイーツ

思わず写真を撮りたくなる

進化系かき氷

予約必須の
燃えるかき氷

焼き氷 1540円

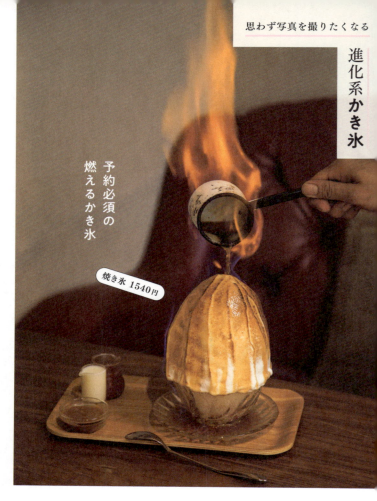

187
Café Lumiere

メレンゲでコーティングされ、香りづけのラム酒が炎をあげる「焼き氷」は見た目のインパクトがSNS映え間違いなし。売り切れ次第終了なので、予約は必須。

西 カフェ ルミエール
0422-48-2121〈予約可※夏期は要予約〉 30席

武蔵野市吉祥寺南町1-2-2 東山ビル4F／
12:00〜20:00 (LO19:30)、土・日曜・祝日
11:00〜／不定休／
各線吉祥寺駅公園口から徒歩1分

MAP

184

188
くまちゃん温泉
おやすみ処

ぷるぷるプリンのくまと
フルーツが絶品

SNSで人気のくまちゃん鍋がかき氷になって登場。旬のフルーツ、北海道牛乳のソフトを贅沢に使ったかき氷は、ソースをかけて味変を楽しむのもおすすめ。

(西) **くまちゃんおんせん おやすみどころ**

📞 03-6427-1613〈予約可〉　💺 42席

渋谷区宇田川町 32-12 Assorti 渋谷 3F／
11:00〜21:00 (LO20:00)／
不定休／各線渋谷駅A2出口から徒歩5分

MAP

フルーツの湯 いちご 2900円

オリジナリティあふれる
氷スイーツに夢中♡

189
生果実専門店
ASAKUSA
YOROZU CAFE

季節のフルーツを使った氷スイーツが楽しめる。ミルク氷の上に生クリームやプリン、フレッシュなフルーツをのせた氷ケーキやパフェと融合した氷パフェが名物。

(東) **なまかじつせんもんてん アサクサ ヨロズ カフェ**

📞 03-5808-9408〈予約可〉　💺 18席

台東区浅草 4-4-4 浅草荘マンション 1F
／10:30〜17:00 (LO16:00)、
土・日曜 10:00〜／不定休／
つくばエクスプレス浅草駅
A1出口から徒歩10分

MAP

まるごとめろんみるく3段 4400円

スイーツ

酔わなくても十分楽しめる！
ノンアル派のためのバー

お酒が苦手な人のためのノンアル・ローアルバーが登場。
見た目も素敵なカクテルで特別な夜を過ごしませんか？

Amber Embrace
自家製のルイボスティーシロップにグアバ茶、ほんのりスモーキーなノンアルコールウイスキーを合わせた一杯（1500円）

Red Dawn
ハーブ系シロップにノンアルのジンを合わせ、ノンアルの赤ワインを浮かべた、まるでアメリカン・レモネードのような味わい（1500円）

Zazen
水出しで抽出した玉露をベースに、エルダーフラワーやオレンジフラワーで香りをまとわせた華やかなカクテル（1500円）

THE 5th by SUMADORI-BAR

ノンアルコールに精通したバーテンダーが、素材や香りにこだわったドリンクを中心に提供。野菜や果物、スパイスを掛け合わせることでさまざまな味や香りが楽しめる20種類以上のドリンクは、アルコール度数0%、3%から選ぶことができる。ノンアル・ローアルの新しいおいしさを体験しに、ぜひ足を運んでみよう。

㊄ ザ フィフス バイ スマドリバー
📞 03-6809-0591〈予約可〉　🪑 25席

渋谷区宇田川町23-10 5F／
17:00～23:00、日曜15:00～22:00／
月・火曜休／
各線渋谷駅A3b出口から徒歩1分

MAP

エリア別 さんぽ

CHAPTER 5
191 ▷ 212

幡ヶ谷・代々木上原 ‥‥ 188

清澄白河・蔵前 ‥‥ 192

下北沢 ‥‥‥ 196

新大久保 ‥‥‥‥ 200

神田・神保町 ‥‥‥‥ 204

洗練された居心地のいい空間

幡ヶ谷
代々木上原

(1): はたがや よよぎうえはら

落ち着いた雰囲気を楽しめる、大人の美食タウンとして注目を集めるエリア。代々木上原は食通も通うミシュラン店が次々と生まれ、昔ながらの風情を残す幡ヶ谷は、店主の個性が光る店があふれている。幡ヶ谷と代々木上原の間に位置する西原商店街は散策コースにおすすめ。人気のカフェやベーカリー、古着屋などが並び、感度の高い人たちが集う。

住宅街に隠れた
センスがいい店にふらりと

内装にもセンスがキラリ！

人も店も"ちょうどいい距離感"

心地よい時間が流れる街の交流と憩いの場

幡ヶ谷

早朝から連日にぎわう

191
PADDLERS COFFEE

接客やイベント企画を担当する松島大介さん、バリスタの加藤健宏さんが共同代表を務めるコーヒーショップ。近所の「カタネベーカリー」のパン、世田谷・尾山台の「オーボンヴュータン」のソーセージを使ったホットドッグは、こだわりのコーヒーとも相性抜群。

(西) パドラーズ コーヒー
03-5738-7281〈予約不可〉 23席

渋谷区西原2-26-5／
7:30〜16:00／水曜休／
京王新線幡ヶ谷駅南口から
徒歩4分

MAP

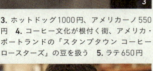

3. ホットドッグ1000円、アメリカーノ550円 4. コーヒー文化が根付く街、アメリカ・ポートランドの「スタンプタウン コーヒー ロースターズ」の豆を扱う 5. ラテ650円

1. 庭を望むカウンター席 2. 西原商店街から一本入った路地裏に佇む。店内のギャラリースペースでは不定期でイベントも開催

NYスタイルパストラミサンド（レギュラー）2800円。低温でじっくりとスモークされたパストラミビーフはボリューム満点

商店街沿いのアットホームな"食堂"で本場NY仕込みの味を

幡ヶ谷

192
フリーマン食堂

NY出身のジェレミー・フリーマンさんが、現地のホームパーティーで振る舞っていたというバーベキュー料理を提供。おすすめは、もっちりとした食感のパン"ビアリ"に挟んで食べるスモークサバサラダ。クリームチーズがアクセントになり、お酒にも合う。

西 フリーマンしょくどう
03-6317-7262〈予約可〉 23席
渋谷区西原2-27-4／
8:00〜10:00（水・金曜のみ）、
12:00〜15:00、18:00〜22:00、
土・日曜・祝日12:00〜22:00／
月曜休／京王新線幡ヶ谷駅
南口から徒歩3分

MAP

1. スモークサバサラダwithビアリ1500円 2. ブルーとオレンジが基調の内装 3. ジェレミーさん、妻の麻衣子さんが夫婦で店を営む

クラフトビールもどうぞ！

190

気鋭シェフが監修した究極のクレープを堪能

代々木上原

193
ØC tokyo

国内外の名店で活躍した田井將貴シェフが考案し、厳選食材で作るシンプルなシュガーバターのクレープは、風味豊かでもちもちとした食感。コペンハーゲンのカフェ「プロローグ」のコーヒーやナチュラルワインと一緒に楽しんで。18時からは夜メニューを提供。

(西) オーシー トーキョー
非公開〈予約可※InstagramのDMにて〉
21席

世田谷区北沢5-27-16 KMK1F／9:00〜22:00(LO21:00)／ディナー不定休／各線代々木上原駅北口1出口から徒歩13分

MAP

1. 上からクレープ1200円、平日限定のランチクレープ単品2000円 2. 緑道沿いに店を構える 3. コーヒー600円

コペンハーゲン発浅煎りコーヒーも

"トルティーヤを日本の主食に"を発信！

代々木上原

幡ヶ谷・代々木上原

194
Tortilla Club TORTILLERIA

日本初のトルティーヤ専門店。メキシコ在来種のトウモロコシを製粉した"マサ"から作る、タコス（焼く）、トスターダ（揚げる）、ソペス（厚めの生地を焼いた後、揚げる）などを提供。品種は日替わりで、生地の量り売りも可能。

1. 各3種類の生地、具材から選択。2ピース1100円。好みのサルサで味変も 2. 日替わりでトウモロコシの品種が変わるため、トルティーヤの色も変化 3. 複合施設「カボ」に開設

(西) トルティーヤ クラブ トルティレリア
03-6804-9712〈予約不可〉 6席

渋谷区上原1-32-3 CABO1F／11:00〜18:00／月・火曜休（祝日の場合は営業）／各線代々木上原駅南口1出口から徒歩1分

MAP

191

通称"東京のブルックリン"！

(2): きよすみしらかわ くらまえ

清澄白河 蔵前

浅草から隅田川沿いを南下した先にある2つの街。下町の風情を残しつつ、古いビルや倉庫をリノベーションしたおしゃれなスポットも多い。美術館やカフェでのんびり過ごせる清澄白河、ものづくりの街としても知られ、職人が手がける専門店が並ぶ蔵前と、街を歩けば東京イーストサイドの魅力あふれる表情に出会えるはず。

**フォトジェニックな世界広がる
専門店にワクワクする**

相撲にゆかりのある蔵前橋

趣のある店構えが目を引く

まるで実験室の
ような水出し
ドリンク専門店

195
理科室蒸留所

清澄白河

家庭用蒸留器「リカロマ」の蒸留所兼水出しドリンクのテイクアウト店。理化学ガラス職人が製作したオリジナル水出し装置で抽出されたコーヒーは、雑味がなくスッキリ。近所にある姉妹店の実験器具専門店「リカシツ」へもぜひ立ち寄って。

(東) りかしつじょうりゅうしょ
📞 03-3641-8891〈予約なし〉
🪑 なし（テイクアウトのみ）

江東区平野1-13-12／
12:00～16:00／不定休
（HP休日カレンダー要確認）／
地下鉄清澄白河駅
A3出口から徒歩6分

MAP

1. 右から、水出し珈琲ブラック、蒸留した甘くないジンジャーソーダ各500円 2. 水出しコーヒー専用装置 3. 店前のベンチで休憩も

工場併設の
ドリンクバーで
ひと休み

196
CAN-PANY

清澄白河

ノンアルコール飲料の製造・充填を行う都市型ボトリング工場。併設された「Drink Bar」で、スパイスを使用した爽やかな風味の人気トニックウォーター、OUR TONICをはじめ、多彩な炭酸飲料やモクテルを楽しめる。

(東) カンパニー
📞 03-6751-9106〈予約可〉
🪑 なし（スタンディングのみ）

江東区三好2-6-10 1F／
ドリンクバー12:00～16:00／
土・日・月曜・祝日休／地下鉄
清澄白河駅B2出口から徒歩5分

清澄白河・蔵前

MAP

1. 手前から、夏のハーブジンジャーソーダ、OUR TONIC各550円（メニューは季節で変更あり） 2. できたてのドリンクで乾杯 3. 出荷場兼ドリンクインスペース

カカオの香りに包まれた
チョコレート・ワールド

蔵前

197
ダンデライオン・チョコレートファクトリー&カフェ蔵前

サンフランシスコ発祥のBean to Bar（ビーントゥバー）チョコレート専門店。製造工程を間近に見ながら、チョコレートを選べる。2階はチョコレートメニューが楽しめるカフェスペース。

1. フローズンチョコレート900円 2. 炙ったマシュマロやチョコレートガナッシュがとろけるスモア680円 3. 広々としたカフェ空間

(東) ダンデライオン・チョコレート ファクトリー アンド カフェ くらまえ
☎03-5833-7270〈予約不可〉 🪑58席
台東区蔵前4-14-6／
10:00〜19:00／不定休／
地下鉄浅草線蔵前駅
A0出口から徒歩3分

MAP

蔵前

198
snaq. me stand 蔵前

"おやつのサブスク"で知られる「スナックミー」が、できたておやつの専門店を開業。名物のフィナンシェケーキは常時5種類。バターが香る生地の中にジャムやクリームを閉じ込めた、できたてならではのリッチな味わいが◎。

キューブ型がかわいいできたてフィナンシェ

1. フィナンシェケーキ各280円 2. ロースターから仕入れた香り高いスペシャルティコーヒー各380円。フィナンシェとともに味わいたい 3. 赤と白を基調としたインテリア

(東) スナックミースタンド くらまえ
☎非公開〈予約不可〉 🪑8席
台東区蔵前3-4-3 フィルパーク蔵前II 1B／10:00〜18:00／月・火曜休／地下鉄浅草線蔵前駅A0出口から徒歩1分

MAP

194

プチ贅沢気分！
カヌレが主役の
優雅なティータイムも

蔵前

199
KURAMAE CANNELÉ

焼きたてカヌレ専門店のシグネチャー、クラマエ・カヌレは、外はカリッ、中はとろりとした食感。2階の「クラマエ カヌレ カフェ」では、専用卵を使用した特別なグランカヌレが食べられる。スイーツプレートや紅茶とともに味わって。

並んででも食べたい！

(東) クラマエカヌレ
℡ 非公開〈予約可
※テイクアウトにてカヌレを20個以上購入の場合〉 🪑 30席

台東区蔵前2-1-23 蔵前第2ビルディング1・2F ／ 2Fカフェ11:00〜18:00 (LO17:00)、土・日曜・祝日 11:00〜19:00 (LO18:00) 1Fテイクアウト11:00〜19:00 ※売り切れ次第終了／月曜休（祝日の場合は翌日休）／
地下鉄浅草線蔵前駅A1b出口から徒歩1分

MAP
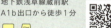

清澄白河・蔵前

1・2. 2階のカフェで楽しめる、グランカヌレ＆アールグレイのティラミス1580円。濃厚なカヌレにアールグレイが香るティラミスがマッチ。ティーセットは＋620円　3. クラマエ・カヌレ324円　4・5. 1階にはイートインスペースも併設。カヌレ・ド・ティー 540円と一緒にぜひ

195

ここでしか味わえないグルメも

下北沢

(3)：しもきたざわ

サブカルチャーの聖地として知られる下北沢。近年は再開発が進み、全長約1.7kmの線路跡地から誕生した新エリア「下北線路街」では、ボーナストラック、リロード、ミカン下北など、ユニークな商業施設が続々とオープン。各施設では個性豊かな店が軒を連ね、グルメからショッピング、イベントまで、散策しながらお気に入りを探すのも楽しい。

アートやカルチャーが交差

"新しいシモキタ"を牽引！
3大商業施設の人気店へ

話題のスポットが続々誕生！

朝カフェで気分はニューヨーカー！

ミカン下北

200
BROOKLYN ROASTING COMPANY SHIMOKITAZAWA

NY・ブルックリンで誕生したコーヒーショップの世界初業態となるカフェレストラン。食事やお酒にもこだわり、料理は代々木公園の人気イタリアン「LIFE」のオーナーシェフ相場正一郎氏が監修。

㋲ ブルックリン ロースティング カンパニー シモキタザワ
☎ 03-6450-8681〈予約可〉 🪑 97席
世田谷区北沢2-6-2 ミカン下北 B街区 B-101／8:00〜22:00（LOフード21:00、ドリンク21:30）／無休／各線下北沢駅中央口から徒歩2分

MAP

1. 広々とした開放的な店内は居心地抜群　2. ボリューム満点なアメリカンブレックファストプレート1210円　3. カプチーノ572円

BONUS TRACK

201
発酵デパートメント

体が喜ぶおいしい発酵体験を

全国各地から集めた選りすぐりの発酵食品が常時300〜400種類並ぶ。飲食スペースでは、発酵食品が7つ食べられる発酵七福定食やハヤシライスなど、ユニークな発酵メニューがラインナップ。

㋲ はっこうデパートメント
☎ 03-6413-8525〈予約不可〉 🪑 15席
世田谷区代田2-36-15 BONUS TRACK 中央棟1F／11:00〜18:30、土・日曜〜21:00 ※変動するためInstagramを要確認／火曜休／小田急線下北沢駅南西口から徒歩4分

1. 発酵七福定食1680円　2. "発酵"の文字が目を引く暖簾が目印　3. 純米にごり酢990円（300㎖）　4. 酒粕で醸造したお酢を使った山吹コーラ600円

下北沢

MAP

1. 鶏肉飯（チーローハン）900円（スープ付き） 2.「食を通して環境問題に取り組む」がコンセプト

自家製タレが香る

1

2

3

体にも環境にも優しい本格アジアンフード

大豆ミートを使用した魯肉飯900円（スープ付き）。醤油ベースで甘めに味付け

202
明天好好　reload

動物性食品を使用しないプラントベースのアジアンフードカフェ。魯肉飯（ルーローハン）や台湾の国民的スイーツ、豆花（トウファ）をはじめ、本格的なメニューが揃う。また、店舗にコンポストを導入するなどサステナブルな取り組みを行う。

 ミンテンハオハオ
📞03-6452-3102〈予約不可〉　24席

世田谷区北沢3-19-20 reload 1-14／11:00〜18:00（LO17:30）／不定休／小田急線下北沢駅東口から徒歩6分

MAP

3. 店内で焼き上げるパイナップルケーキ2個300円　4. つるんとした食感の鳳梨豆花（パイナップルジャスミントウファ）1000円

198

日本の魅力が詰まった和モダン酒場

1. 旬を楽しむ創作料理は、日・週替わりで提供 2. 豊富に揃う焼酎は770円〜

ランチは定食メニューが中心。数量限定の銀鮭イクラ定食1500円（ドリンク付き）は、分厚い鮭にイクラがトッピングされ贅沢気分。ご飯はおかわり可

203
下北六角

ミカン下北

異国料理店が軒を連ねるミカン下北で、和モダンな白暖簾と木製の引き戸が目を引く。三軒茶屋の居酒屋「マルコ」の系列店で、コンセプトは「ジャパンクラフト」。料理からお酒、器、空間まで、随所に日本の魅力を感じることができる。

(西) しもきたろっかく
03-6450-9177〈予約可※ディナーのみ〉
36席

世田谷区北沢2-11-15 ミカン下北 A街区 A-205／11:30〜14:30(LO14:00)、17:00〜23:00(LO22:30)／無休／各線下北沢駅中央口から徒歩1分

MAP

3. 温かみのある和の空間には、カウンター席、テーブル席、テラス席を配する 4. 店はミカン下北の入口すぐに位置

多くの人でにぎわう大久保通り

(4)：しんおおくぼ

新大久保

活気あふれる東京のコリアンタウンとして名高いが、一方で東南アジアをはじめとした各国の料理が集まり、多国籍化が進むエリアでもある。新大久保駅のすぐ北側に位置するイスラム横丁では、現地の食材＆スパイスがそろうハラルフードショップも。本場さながらの異国情緒あふれる街並みを楽しみながら、未知なる味を探してみたい。

味も雰囲気もディープ！
世界各国のグルメに出合う

映えるスポットも随所に

ハラルフードに興味津々

200

2つの民族料理の味を贅沢に食べ比べ

ネパール

204
ネパール民族料理 アーガン

店内には現地の伝統的な調度品も

ネパールのネワリ族、タカリ族の各料理を堪能。おすすめは、干し飯、マトンやジャガイモのスパイス和えなどが並んだネワリサマエバジセット、チキン、マトン、野菜のカレーから2種類を選ぶアーガンスペシャルタカリセット。

西 ネパールみんぞくりょうり アーガン
03-6233-9610〈予約可〉 120席

新宿区大久保2-32-3 リスボンビル4F／11:00〜23:30 (LO23:00)／無休／JR新大久保駅から徒歩3分

MAP

1. 右上から時計回りに、ネワリサマエバジセット1408円（カレー風味のチキンスープ付き）、アーガンスペシャルタカリセット1540円、トマトベースのソースで食べるネパール風餃子の蒸しモモ6個693円 2. ネパール・タカリ族の出身の店長サビナさん

名物ママが手作り！愛されるタイのおやつ

205
ルンルアン お菓子処

タイ

1. タップティムグロープ 660円 2. クレープ風おやつ、ロティにチョコレートソースをかけたチョコロティ 500円 3. マンゴーもち米 1200円 4. 2代目店主のバコーンさん 5. イートインも可能

西 ルンルアン おかしどころ
03-5330-8778〈予約可〉 11席

新宿区百人町1-14-3 ローレルビル1F／10:00〜14:00、16:00〜20:00／日曜休／JR新大久保駅から徒歩4分

タイ出身のママが作るローカルスイーツが並ぶ。直輸入のマンゴーを使った甘い定番おやつ「カオニャオ・マムアン（マンゴーもち米）」や、クワイの実にココナッツミルクをかけたかき氷「タップティムグロープ」など種類豊富。

母の味を楽しんで

新大久保

バングラデシュ

206
サルシーナ ハラルフーズ

ハラルショップ併設のレストラン。メニューは日替わりで、米を水に浸し、おかずをのせた「パンタバート」、タマネギを使った「ドピアザ」など4、5種類から選べる。当日のメニューは店のX（@SalsinaHF）にて公開。

西 サルシーナ ハラルフーズ
03-6278-9895〈予約可〉 30席

新宿区百人町2-1-50
シャトー大久保1F／
11:00～21:00／火曜休／
JR新大久保駅から
徒歩4分

MAP

1. セットで付くチャイも絶品 2. マスのフライやナスの炒め物、豆カレーなどがのった水ご飯、パンタバート1800円。サラサラと食べやすい 3・4. 住宅街の一角に佇む。南バングラデシュ出身の店主が母の味を再現

多彩な南バングラデシュの家庭料理！
スパイシーで奥深い味わいのトリコに

スイーツもおすすめです！

やっぱり押さえておきたい
韓国グルメ！
注目は行列カフェの看板スイーツ

207 `韓国`
HELLO! DONUTS

ふんわり生地のドーナツは、口溶けがよく軽い食感。ミルキーな牛乳クリームがたっぷり入ったウユクリームが、リピート率No.1フレーバー。

1. 右からウユクリームドーナツ、ミックスベリードーナツ各460円（税抜） 2. 内装も可愛い

(西) ハロー ドーナツ
☎03-6380-2449〈予約可〉
🪑40席

新宿区百人町2-2-7 SEOULTOWN1F／11:00〜22:00(LO21:30)、金・土曜〜23:00(LO22:30)／無休／JR新大久保駅から徒歩2分

MAP

208 `韓国`
BAM BI COFFEE

韓国の伝統菓子をアレンジしたシアッインジョルミは、米粉を使ったきな粉餅にナッツやシードがたっぷり。もちもちで香ばしい食感も楽しい。

1. シアッインジョルミ1045円
2. ナチュラル系インテリアもフォトジェニック

(西) バムビコーヒー
☎03-6205-9929
〈予約不可〉 🪑20席

新宿区大久保1-14-26／11:00〜22:30(LOパンケーキ21:30、その他22:00)／不定休／地下鉄東新宿駅B1出口から徒歩7分

MAP

5. スパイシーなチングリ（エビ）のドピアザ1800円。ボルタ（マッシュ料理）、バジ（炒め物）などおかずをご飯にのせ、よく混ぜて食べる 6. 店主のバキさん

新大久保

神田
神保町

(5)：かんだ じんぼうちょう

日本一の古書店街、神保町

神田界隈は、江戸時代に幕府のお膝元として青物市場が開かれ発展した、歴史ある場所。現在はオフィス街の趣が強いが、路地を一本入ると歴史的建造物や創業100年を超える老舗も健在。また、古書街・神保町は作家との関わりが深く、数多の逸話が誕生した文豪ゆかりの店も。名店の暖簾をくぐり、古き良き時代にタイムスリップしてみてはいかが。

時代を超えて愛される老舗の味めぐり

東京を代表する名店ぞろい

江戸の粋をいまに残す蕎麦処へ

1・2. 古い柱時計やこね鉢が創業時の面影を伝える　3. 建物は1927（昭和2）年建築の木造2階建て

1884（明治17）年創業

209
神田まつや 本店

食通で知られた作家・池波正太郎が通ったという名店。老舗の味を受け継ぐのは6代目の蕎麦職人、小髙孝之氏。挽きぐるみ蕎麦粉を使用し、打つ時間や気候によって卵水の量を変えながら、香りと喉ごしのよい蕎麦を追求し続けている。

中央　かんだまつや ほんてん
☎03-3251-1556〈予約不可〉
66席

千代田区神田須田町1-13／
11:00～20:30 (LO20:00)、
土曜・祝日～19:30 (LO19:00)／
日・月曜休／
地下鉄淡路町駅
A3出口から徒歩1分

MAP

神田・神保町

4. もりそば825円。出汁が効いたやや辛めのつけ汁は、蕎麦の味や香りを引き立てる　5. 親子3代で通う常連客も

205

右からアップルパイ 540円（ホールは4536円）、苺サンドショート 1080円、クラシックショコラ 540円

クラシックで懐かしい
手作りケーキに胸がときめく

1884（明治17）年創業

210
近江屋洋菓子店

看板商品は、小さなホールケーキのような可愛らしい姿が評判のショートケーキ「苺サンドショート」。「リーズナブルだけどチープではないものを」というコンセプトの通り、店主が直接市場に出向いて仕入れたフルーツなど、選び抜かれた素材が使われている。

手土産にも喜ばれそう

中央 おうみやようがしてん
☎ 03-3251-1088〈予約可〉
🪑 24席（※喫茶は一時休業中）

千代田区神田淡路町2-4／9:00〜19:00、日曜・祝日10:00〜17:30／無休／地下鉄淡路町駅A3出口から徒歩3分

MAP

1. レトロ可愛いデザインのテイクアウトBOX
2. ケーキが整然と並んだショーケースに目を奪われる
3・4. 昭和の雰囲気そのままに、2021年5月にリニューアル。午前中のみパンの販売も行う

206

日本の
ウインナー
コーヒー発祥店

1. ウインナーコーヒー 650円　2. 昭和モダンな雰囲気　3. スペイン語でレンガを意味する店名にちなんだ、レンガ造りの外観が印象的

211 ラドリオ

1949（昭和24）年創業

かつてはシャンソン喫茶として名を馳せ、作家や文化人から愛されてきた。コーヒーの上に生クリームをのせたウインナーコーヒーを日本で初めて提供した店。生クリームがフタ代わりとなり、コーヒーが冷めにくいという利点も。

(中央) ラドリオ
☎ 03-3295-4788〈予約可※平日のみ〉
49席

千代田区神田神保町1-3／11:30〜22:30(LO22:00)、土・日曜・祝日12:00〜19:00(LO18:30)／火曜休／地下鉄神保町駅A7出口から徒歩3分

MAP

212 ランチョン

1909（明治42）年創業

洋食を楽しめるビヤホールとして開業。ビールはアサヒの生（通称マルエフ）。創業以来ビールを注ぐことができるのは原則店主のみだという。人気のメンチカツは、サクサクの衣とジューシーな肉汁に生ビールがすすむひと品。

(中央) ランチョン
☎ 03-3233-0866〈予約可〉　110席

千代田区神田神保町1-6／11:30〜21:30(LO21:00)、土曜〜20:30(LO20:00)／日曜・祝日休／地下鉄神保町駅A5出口から徒歩1分

MAP

1. 自慢メンチカツ 1200円　2. 4代目店主の鈴木寛さんが注ぐビールは、きめ細やかな泡が立ち、最後まで美味　3. 広々とした客席

神田・神保町

昔ながらの
洋食とビールを
味わう至福の時間

新たな"おいしい"に出合える
最新都市型マーケットに潜入

老舗スーパー「信濃屋」が新たに手がける
コンセプトショップ「cask」の楽しみ方を徹底調査。

cask

虎ノ門ヒルズに誕生した店舗には、デリコーナーやワインレストラン「W TORANOMON the market」を併設。買う、食べる、飲む体験を同時に楽しめる、次世代のマーケットだ。

本日の購入品

1. 大正時代創業の「弓削多醤油」の木桶仕込み醤油を低温でナッツに味付けした、木桶仕込み醤油ミックスナッツ 350g 1078円 2. ワインを入れるポケット付きのトートバッグ 3289円 3. ログ ジバング バイ インヴィーヴォ ソーヴィニヨン ブラン 1758円。ニュージーランドのワイナリーと信濃屋とのコラボ

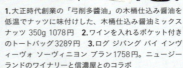

4. 人気のオリジナル商品をチェック。日本の伝統文化"木桶"の風味を活かした木桶仕込み醤油シリーズは、種類も豊富に揃う 5. できたてのデリをランチに。選べるBOX DELI 754円〜(平日11:00〜14:00限定) 6. 700種類以上約4000本が並ぶワインセラー。常駐するソムリエに相談もでき安心 7. 併設のWでは、cask店内のワインセラーから好きなボトルを選び持ち込む"BYOスタイル"もOK。気になるワインと料理を一緒に楽しめる(持ち込み料1500円/本)

🈲 カスク
📞 03-6811-1381 🪑 68席 (W TORANOMON the market内)

港区虎ノ門2-6-3 虎ノ門ヒルズ
ステーションタワー B1F／8:00〜22:00／
無休(休みは施設に準ずる)
／地下鉄虎ノ門ヒルズ駅直結

MAP

208

テーマで選ぶ

CHAPTER 6
214 ▷ 235

フードホール / モーニング
お手頃ミシュラン
名建築 / 名門ホテル
サウナ飯 / 市場グルメ
おひとりさまディナー

KEYWORD: 1
FOOD HALL

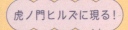
虎ノ門ヒルズに現る！

『新時代のフードホール』

各店の厳選メニューをあれこれ
楽しむ、欲張りな食体験が叶う。

名店の味を一度に楽しむ

有名店の人気メニューを
少しずつ。仲間との
シェアディナーが楽しい

1

2

1・2. フードホール内には、各店に備わる座席のほかに共通席「T-MARKET PUBLIC TABLE」を設置。18店舗の料理を席からモバイルオーダーで注文できる。各店の人気メニューから、少しずついろんな料理を楽しめるのがうれしい。ディナー時は、注文した料理やドリンクをスタッフがサーブしてくれるサービスも

T-MARKET

2023年10月に誕生したフードホール。約3000㎡のスペースに27店が集結。食を中心とした街のサードプレイスとして話題を集める

(南) ティーマーケット　650席
港区虎ノ門2-6-1 虎ノ門ヒルズ ステーションタワー B2F／営業時間・休みは店舗により異なる　※T-MARKET PUBLIC TABLEの利用はテイクアウト8:00～16:00、ディナー17:00～23:00(日曜・祝日～22:00)／地下鉄虎ノ門ヒルズ駅直結

注目店をチェック！

人気ビストロとワイナリーの最強タッグ

214
Äta CAVE D'OCC

代官山のビストロ「Äta」と新潟県のワイナリー「カーブドッチ」がコラボ。自家製のソーセージを使用した魚介料理は絶品。

海老とスペアリブのシュークルート …3850円

1. 自家製モルタデッラハムと半熟卵 1000円
2. 魚介や肉の旨味と発酵キャベツの酸味が凝縮

🈭 アタ カーブドッチ
📞 03-3528-8351〈予約可〉　🍴15席
11:00～14:30(LO14:00)、
17:00～23:00(LO22:00)
※ 日曜・祝日は～22:00
(LO21:00)／水曜休

MAP

215
CRAZY PIZZA
TORANOMON

マヨコーン（ディナー） …3080円

イタリアン「Don Bravo」が手がけるピザ専門店。香り高い生地と、遊び心を感じるトッピングの革新的なピザを楽しめる。

🈭 クレイジー ピザ トラノモン
📞 03-6268-8009〈予約可〉　🍴20席
11:00～15:30(LO14:30)、
17:00～23:00(LO22:00)
※日曜・祝日は～22:00
(LO21:00)／火曜休

MAP

多彩なアレンジが光る

1. アクセントに山椒が香る新感覚の一枚
2. 山利のシラス 3190円（ディナー）

料理に花を添える特別な一杯

216
PUBLIC BAR

国内外から厳選したビールや多彩なワイン、"虎ノ門COCKTAILS"をテーマにしたオリジナルカクテルなどが揃う。軽食もあり。

にいくらファームのレモングラスジントニック …880円

🈭 パブリック バー　📞 03-6807-5731〈予約可〉　🍴8席
11:00～23:00(LOフード22:00、
ドリンク22:30)、日曜・祝日
～22:00(LOフード21:00、
ドリンク21:30)／無休
(休みは施設に準ずる)

MAP

1. 西東京産の香り高いレモングラスを使用
2. レッドサングリア 950円。爽やかな風味が広がる（メニューは変更となる場合あり）

フードホール

KEYWORD 2
BREAKFAST SPECIAL

『気分アゲ！なモーニング』

> 早起きして行きたい！

味はもちろん、特別な素敵空間も楽しめる朝食スポットをご紹介。

> 雰囲気もごちそう

18品の朝ごはん…2200円

境内の和カフェで仏様の願いを味わう　1

217
築地本願寺カフェ Tsumugi

東京を代表する名刹の築地本願寺。境内のカフェでいただける「18品の朝ごはん」は、ご本尊の阿弥陀様がたてた誓願にちなんで考案された、体に優しいメニュー。

1. お粥と味噌汁、おかずの全18品　2・3. 本堂を眺めながら食事を楽しめる。朝食後には参拝や築地散策する人も（料理はイメージ）

(東) つきじほんがんじカフェツムギ　📞 非公開〈予約可※朝食のみ〉　🪑 82席

中央区築地3-15-1 築地本願寺インフォメーションセンター内／8:00～18:00 (LO17:00) ※朝食～10:30、お酒 10:30～／無休／地下鉄築地駅1番出口から徒歩1分

MAP

212

100円ショップ跡地を
リノベーション

ブレックファスト
プレート
…1500円

218
ALLEY CATS

2023年5月に祐天寺にオープンしたアメリカンダイナー。自慢のハンバーガーをはじめ目移り必至のメニューが、朝から楽しめる。

㊙ アレイ キャッツ
📞 03-6303-3082〈予約不可〉　🪑 19席

目黒区祐天寺1-23-19／
8:00～15:00 (LO14:30)
※モーニングは8:00～10:00／
木曜休／東急東横線祐天寺駅
東口1出口から徒歩2分

MAP

1. スクランブルエッグやベーコン、ハッシュブラウンなどがひと皿に。モーニング限定　2. 内装もおしゃれ

219
wanna manna 東京飯田橋サクラテラス店

大阪で行列のできる台湾朝食専門店が東京上陸。台湾式の豆乳スープやクレープなど、現地の定番朝食メニューを豊富に揃える。

鹹豆漿（シェントウジャン）
…540円～

台湾の朝食文化を
おいしく体験

㊥ ワナマナ とうきょう
いいだばしサクラテラスてん
📞 03-6380-8646〈予約不可〉　🪑 40席

千代田区富士見2-10-2
飯田橋グラン・ブルーム
サクラテラス2F／8:00～19:00
(LO18:30)／無休／
JR飯田橋駅西口から徒歩4分

MAP

1. 厳選した大豆で作った豆乳を使用したふわとろ食感のスープ　2. モチモチ生地の台湾式クレープ、蛋餅（ダンビン）520円～

モーニング

> 気軽にトライできる!

KEYWORD: 3
MICHELIN GUIDE

『お手頃ミシュラン』

星つきの店はハードルが高くても
ビブグルマンを狙えば高コスパ。

> 満足度高めのビブグルマン

昔ながらの本枯節を
心を込めて手削り

220
かつお食堂

メニューは基本1品のみで、卵などのトッピングや量の調整があるのみ。カツオはもちろん、店に関わるものは自ら出向き、素敵だと思うものを中心に揃えている。

> 手削りの鰹節ごはんと、天然出汁のおみそ汁、出汁ガラのごはんのおとも…1650円

西 かつおしょくどう
📞 03-6877-5324〈予約不可〉 🪑 10席

渋谷区鶯谷町7-12 GranDuo 渋谷 B1F／
8:30〜売り切れまで、
土・日曜9:00〜／
休みはインスタグラムを確認／
JR渋谷駅西口から
徒歩10分

MAP

1.店主の永松さんは鰹節伝道師としても活躍 2.削りたての鰹節はピンクでふわふわ 3.永松さんが惚れ込んだ本枯節のみ使用

独自製法のうどんは
香ばしく滋味深い

221
高円寺さぬきや

全粒粉のうどんは独自製法で特許を取得。モチモチの食感と香ばしさで話題に。コースで使用する野菜はほとんどが杉並区産で鮮度抜群。

全粒粉うどん…単品1100円〜

 こうえんじさぬきや
03-3314-4488〈要予約〉 27席

杉並区高円寺南4-38-7／
18:00〜22:30／日曜休／JR
高円寺駅南口から徒歩6分

MAP

1. 前菜盛り合わせ。野菜は店で使用済みの煮干しの出汁殻を入れた有機肥料で育つ 2. いずれも全八品のコース料理（6732円）より

おなじみの洋食を上質に
8年連続ビブグルマン掲載

222
目白旬香亭

古賀達彦シェフのこだわりは、丁寧で正確性のある仕事。昔ながらの手法に、現代の技法を取り入れながら"新しくて懐かしい洋食"を提供している。

エビフライ…一尾650円

ブラックタイガーを独自の手法でプリプリに仕上げたエビフライ

ステーキハンバーグ（1800円〜）。和牛の粗びきを使用し、ステーキのような食感に

 めじろしゅんこうてい
03-5927-1606〈予約可〉 30席

豊島区目白2-39-1 トラッド目白2F／
11:00〜15:00(LO14:00)、
17:00〜22:00(LO21:00)／
不定休／JR目白駅から徒歩1分

MAP

お手頃ミシュラン

KEYWORD: 4
ARCHITECTURE

鑑賞して、味わう

『名建築×グルメ』

百貨店や美術館の歴史的名建築を
楽しみ、併設の飲食店でひと休み。

知的好奇心を刺激

格式高い意匠に彩られた
日本初の百貨店
日本橋三越本店 本館

にほんばしみつこしほんてん
ほんかん
☎ 03-3241-3311
中央区日本橋室町1-4-1／10:00
〜19:00、食品・1F〜19:30／不
定休／地下鉄三越前駅A3出口直結

1. 西洋古典様式を基調とした建物。2016年には本館が国の重要文化財に　2. 本館1階 中央ホールにそびえる、豪華絢爛な天女（まごころ）像

古き良き正統派の
百貨店食堂

223
特別食堂 日本橋

1964年開設の日本橋三越本店本館
内のレストラン。三越発祥の"お
子様ランチ"を受け継いだメニュ
ーなど、時代を超えて愛される味
を提供している。

3. お子さまランチプレート3300円（スープ付き）。東京會舘の料理人らが腕を振るう、大人も満足できる味わいのひと皿

㊠ とくべつしょくどう にほんばし
☎ 03-3274-8495　♟190席

日本橋三越本店 本館7F／11:00〜19:00
(LO食事18:00、喫茶18:30)／
不定休(休みは施設に準ずる)

MAP

216

きらびやかな
アール・デコ様式の洋館
東京都庭園美術館

とうきょうとていえんびじゅつかん
☎ 050-5541-8600(ハローダイヤル)
港区白金台5-21-9／10:00〜18:00
(最終入館は閉館の30分前)／月曜休
(祝日の場合は翌平日休)／料金は展示により異なる(庭園のみは一般200円)／地下鉄白金台駅1番出口から徒歩6分、JR目黒駅東口から徒歩7分

1. 1933年に建てられた旧朝香宮邸。写真はアール・デコ様式が集約された本館 大客室　2. 本館 大食堂。窓からは芝庭が望める

庭園を眺めながら
くつろいで
224
café TEIEN

東京都庭園美術館の新館にあるカフェ。おすすめは、和スイーツや日本茶など和を感じるメニュー。旬の食材や展覧会の内容をテーマにした限定メニューも登場する。

3. 天井までガラス張りの店内の席のほか、テラス席も備わる　4. TEIENティラミス800円。ほろ苦い抹茶とマスカルポーネチーズが相性抜群

名建築

（南）カフェ テイエン
☎ 03-6721-9668〈予約不可〉　36席
東京都庭園美術館 新館1F／
10:00〜18:00(LO17:30)／
月曜休、美術館休館日

MAP

217　写真提供：東京都庭園美術館

ご褒美ティータイム

KEYWORD: 5
LUXURY HOTEL

「名門ホテルの甘い記憶」

ビュッフェやアフタヌーンティーで、ホテル自慢のスイーツを満喫。

絶品スイーツ三昧！

名物ケーキをビュッフェで堪能

スーパースイーツビュッフェ
平日7000円、
土・日曜・祝日8200円（サ別）
※内容と料金は季節により異なる

1・2. ビュッフェでは旬のフルーツを使用。写真は「いちごビュッフェ」（2024年12月1日～開催予定）

225
ティー＆カクテル ガーデンラウンジ
／ホテルニューオータニ（東京）

400余年の歴史を有する約1万坪の日本庭園を望むラウンジ。人気のスーパースイーツビュッフェは、総料理長による自家製スイーツ、バラエティ豊かな料理を楽しめる。

3. ホテルのシグネチャースイーツ「スーパーメロンショートケーキ」も登場 4. 全面ガラス張りの窓から、日本庭園の四季折々の情緒が楽しめる。スーパースイーツビュッフェはウェブサイトより要事前予約

中央 ティー アンド カクテル ガーデンラウンジ／ホテルニューオータニ（とうきょう）
☎ 03-5226-0246〈予約可〉 120席
千代田区紀尾井町4-1 ホテルニューオータニ ガーデンタワー ロビィ階／6:30～21:00 ※スーパースイーツビュッフェは11:30～、90分制／無休／地下鉄赤坂見附駅D出口（紀尾井町口）から徒歩3分

3 4

MAP

218

和洋の美味が輪島塗漆器に映える

1 2
1. アフタヌーンティーは要事前予約。アートのようなスイーツやセイボリーがずらり 2. 静寂を感じる空間

アフタヌーンティー "Stones"
1人8000円〜
※内容と料金は季節により異なる

226
ロビーラウンジ「ザ パレス ラウンジ」／パレスホテル東京

皇居外苑のお濠に面したラウンジ。人気のアフタヌーンティーは、輪島塗師の赤木明登氏によるオリジナル漆器 "Stones" で提供。

中央 ロビーラウンジ「ザ パレス ラウンジ」／パレスホテルとうきょう ☎03-3211-5309〈予約可〉
アフタヌーンティー予約専用ダイヤル ☎03-3211-537■
76席

千代田区丸の内1-1-1／11:00〜23:30(LO)
※アフタヌーンティーは11:00〜17:30(LO)、2時間半／無休／
地下鉄大手町駅C13b出口から
地下通路直結、
JR東京駅丸の内北口
から徒歩8分

MAP

227
ザ・ロビー／ザ・ペニンシュラ東京

ホテル正面玄関を入ると左右に広がるダイニング。ザ・ペニンシュラ香港の伝統を受け継ぐアフタヌーンティーで優雅なひと時を。

1. 自家製スコーンに加え、セイボリーやスイーツをバードケージ型のスタンドで提供
2. 豪華なシャンデリアが印象的な空間

中央 ザ・ロビー／
ザ・ペニンシュラとうきょう
☎03-6270-2888〈予約可〉 100席

千代田区有楽町1-8-1／6:30〜21:00
※アフタヌーンティーは11:30〜20:00
(LO18:00)、2時間制／無休／
地下鉄日比谷駅A6・7出口直結、
JR有楽町駅中央西口から
徒歩2分

MAP

ショコラの遊び心あふれるスイーツ&セイボリー

1
2

アフタヌーンティー
1人1万円
※内容と料金は季節により異なる

名門ホテル

KEYWORD: 6
SAUNA & GOURMET

至福のコース

『サウナ＋サ飯』

サウナ＆銭湯の後は、絶品サウナ飯で〆る！ 究極の幸せがここに。

これで"ととのい"完了！

渋谷に出現！
サウナの新境地

1. 自然光が差し込む、開放的な外気浴スペース
2・3. 趣向を凝らした9つのサウナ室、4つの水風呂を有する

228
渋谷SAUNAS

サウナブームの火付け役となった書籍『サ道』の原作者タナカカツキ氏が総合プロデュースを手がける。サウナ後は、ヘルシーで環境にも優しいプラントベースの食事を。

1階のレストランでは、「精進料理 醍醐」のシェフが監修したプラントベースメニューが楽しめる 4. 10種以上の野菜を使用したサラダボウル 5. カレー1540円〜 6. 軽い食感のドーナツ396円〜

ブッダボウル…1320円

西 しぶやサウナス
📞 非公開（予約不可※レストラン） 🪑 38席

渋谷区桜丘町18-9／8:00〜24:00 ※レストランは9:00〜24:00（LOフード22:00、ドリンク23:00）／不定休／入館料金 平日3080円、土・日曜・祝日3850円（男性2時間30分、女性3時間30分）／JR渋谷駅新南改札から徒歩3分

MAP

1. 広々とした浴場には4種類の浴槽が 2. 2020年にリニューアル 3. 麦飯石に覆われたサウナ室 4. 人気漫画家ほしよりこ氏による壁絵も必見

© Yurika Kono

新感覚な老舗銭湯の併設カフェ

229 コガネキッチン／黄金湯

おしゃれに生まれ変わった銭湯の2階にあり、入浴なしでも利用可能。入浴後の体を冷やさないようにと考案されたラム肉やスパイスを使用した料理は、本格的な味わい。

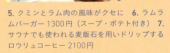

ラムラムキーマ(スープ付き)…1250円

5. クミンとラム肉の風味がクセに 6. ラムラムバーガー 1300円(スープ・ポテト付き) 7. サウナでも使われる麦飯石を用いドリップするロウリュコーヒー 2100円

サウナ＋サ飯

(東) コガネキッチン／こがねゆ　☎03-3622-5009〈予約不可※コガネキッチン〉　22席

墨田区太平4-14-6／6:00〜9:00、11:00〜24:30(土曜15:00〜)
※コガネキッチンは11:30〜21:00(LO20:30)、金・日曜・祝日〜22:00(LO21:30)、土曜15:00〜22:00(LO21:30)／第2・4月曜休(祝日の場合は営業)／入浴料金550円(90分)、サウナ料金〈平日〉女性＋350円／男性＋550円、〈土・日曜・祝日〉女性＋400円／男性＋600円(2時間制)／地下鉄錦糸町駅4番出口から徒歩7分

MAP

KEYWORD: 7
MARKET GOURMET

「豊洲 千客万来」で 食い倒れ必至！

『市場グルメ』

豊洲市場隣接ならではの新鮮な食材を生かした料理を味わい尽くす。

ニッポンの"旨い"が集結！
江戸情緒あふれる
話題スポットへ

豊洲 千客万来

2024年2月に誕生した、商業棟「豊洲場外 江戸前市場」と温浴棟「東京豊洲 万葉倶楽部」からなる施設

東 とよす せんきゃくばんらい
☎ 03-3533-1515

江東区豊洲6-5-1／営業時間は店舗により異なる／無休／ゆりかもめ市場前駅から徒歩4分（ペデストリアンデッキで連結）

1. 江戸の街並みを再現した3階建ての施設に約70店舗が軒を連ねる「豊洲場外 江戸前市場」 2. 食べ歩きも楽しい。「東京豊洲 万葉倶楽部」の屋上には足湯も（要入館料）

希少な国産の生本マグロは必食

注目店をチェック！

230
海鮮バイキング いろは 豊洲

新鮮な魚介の刺身から、名物のマグロカツや本ズワイ蟹、バラちらし寿司、デザートまで、約50種のバイキングメニューが並ぶ。

海鮮バイキング …5820円

東 かいせんバイキング いろは とよす
☎ 050-1731-0263 🪑 130席

豊洲場外 江戸前市場3F／9:00〜16:00（最終入店15:00）／無休（休みは施設に準ずる）

MAP

1. 海鮮バイキングはドリンクバー付き、70分制
2. マグロの解体ショーも

222

目利き自慢のマグロを堪能

231
まぐろ 相馬水産 豊洲店

老舗のマグロ仲卸が運営するだけあり、魚の品質はピカイチ。串に刺した刺身を秘伝のタレにつけて食べる「まぐろ串」も絶品。

(東) まぐろ そうますいさん とよすてん
☎ 03-6228-2058〈予約不可〉
🪑 なし

豊洲場外 江戸前市場2F／
9:00〜18:00／無休
(休みは施設に準ずる)

MAP

寿司パフェ…900円

1. マグロ、ウニ、イクラがON 2. スパイスを効かせた本気鮪バーガー（メガサイズ）1000円

232
炭焼魚串 おにぎり 越後屋助五郎

いいだこ串…900円

豊洲市場仲卸の直営店。新鮮な魚介を使用した炭焼き魚串や創作おにぎりが、種類豊富に揃う。日本酒や焼酎などお酒も充実。

(東) すみやきさかなぐし おにぎり えちごやすけごろう
☎ 03-6204-9920〈予約不可〉
🪑 なし

豊洲場外 江戸前市場2F／
9:00〜20:00／無休
(休みは施設に準ずる)

MAP

香ばしい香りがたまらない！

1. 紀州鮎塩焼700円。焼きたてを提供
2. バター醤油にくぐらせて焼く 3. ほたて串900円

233
浅草茶屋 たばねのし 豊洲店

東京・浅草発の和クレープ専門店。静岡県産の掛川抹茶を生地とカスタードクリームに使用。抹茶の濃厚でほろ苦い味わいを満喫。

1. 中には抹茶アイスやイチゴのコンポートなどが入る 2. 店舗限定の掛川抹茶ティラミス990円〜

(東) あさくさちゃや たばねのし とよすてん
☎ 080-4998-2038〈予約不可〉
🪑 18席

豊洲場外 江戸前市場2F／
10:00〜20:00／無休
(休みは施設に準ずる)

MAP

掛川抹茶ブリュレ…990円〜

職人手作りの水引もキラリ

市場グルメ

KEYWORD: 8
SOLO DINNER

> 今宵はカウンターで

『おひとりさまディナー』

本格グルメとともに、気楽に快適に
ひとり時間を満喫してはいかが。

> しっかりごはんからサク飯まで

優しさがしみる
オリジナル中華

234
按田餃子
代々木上原本店

保存食研究家の按田優子さんが手
がける店。按田さんが独自の視点
で選んだ「食べたら体が助かる」
食材を使用した料理は、おいしく
て元気がもらえるものばかり。

1・3. 水餃子8個、豚そぼろ飯、海藻湯付
きの人気定食。名物の水餃子は、美肌や血
液浄化に効果があるといわれる有機ハトム
ギを配合した自家製の皮を使用 2. キク
ラゲ入りのラゲーライス1155円 4・5.
レトロな雰囲気が可愛らしい

1

5　4

水餃子定食
…1485円

3

2

(西) あんだぎょうざ よよぎうえはらほんてん
☎ 03-6407-8813〈予約不可〉　🪑 10席

渋谷区西原3-21-2 1F ／11:00〜22:00 (LO21:30)
※持ち帰りは21:30まで／無休／
各線代々木上原駅東口から徒歩1分

MAP

224

1. お酒やノンアルドリンクが充実。グラスワイン638円 2. 立ち飲みスペースのカウンターのほか、店奥にはテーブル席も設ける

ハイレベルな
おつまみが人気

235
STAND BY Mi

ミシュラン二つ星レストラン出身の実力派シェフによる本格的な料理が楽しめる、立ち飲みビストロ。一流店監修の「トップシェフレシピ」はここでしか味わえない逸品。

3. スタイリッシュな雰囲気のカウンター 4. おまかせ3種盛り770円。250円(税抜)均一のおつまみからセレクト 5. 貝出汁ラーメン528円。おひとりさまにうれしいミニサイズ 6.「NoCode」米澤シェフ考案のスペシャリテ

BBQスペアリブ
…858円

おひとりさま

南 スタンド バイ ミー
03-6807-5712〈予約可〉 33席

港区新橋2-9-13／16:00～23:30 (LO料理22:30、ドリンク23:00)、土曜～23:00 (LO料理22:00、ドリンク22:30)／日曜・祝日休／JR新橋駅日比谷口(SL広場)から徒歩2分

MAP

ホームパーティーに最適！
家で楽しむグルメな手土産

名店の味をテイクアウトして、お家ごはんをリッチに。
ハレの日を華やかに演出してくれる逸品をご紹介！

「レザンファン ギャテ」の FRENCH BOX　2万8944円

渋谷のフレンチレストラン「レザンファン ギャテ」の料理を自宅で楽しめるグルメセットは、少し贅沢なディナーを演出したい日に試してほしい。内容は、店自慢のテリーヌ3種にワインに合うおつまみ、スープ、パンが入っており、2人分の軽いコースがこれで完成。

西 レザンファン ギャテ　☎03-3476-2929〈予約可※予約がおすすめ〉　20席

渋谷区猿楽町2-3／11:30〜15:00(LO14:00)、17:30〜22:00(LO20:00)、土・日曜・祝日12:00〜15:00(LO14:00)、18:00〜22:00(LO20:00)／月曜休(祝日の場合翌日)／各線渋谷駅新南口から徒歩10分

MAP

「アルパージュ」の チーズ好きのためのチーズセット
7778円（価格変動あり）

りんごの蒸留酒カルヴァドスに包まれ熟成した「カマンベールオゥカルヴァドス」、ブルーチーズの代表格「ロックフォール」、蜜のような甘みを感じる「ボーフォールシャレダルパージュ」の3種類を楽しめるセット。

西 アルパージュ
☎03-5225-3315〈予約不可〉　なし

新宿区神楽坂6-22／11:00〜18:00、木〜土曜〜19:00／無休／地下鉄神楽坂駅1b出口から徒歩3分

MAP

「STABLER Shimokitazawa Meatsand」の 下北沢ミートサンドダブル
1850円

アパレルブランド「STABLER」が展開するアメリカンカフェ。下北沢に2店舗、恵比寿に1店舗を構える人気ぶり。牛の横隔膜の部位「サガリ」を使った牛ステーキサンドは、ボリュームとスモーキーさがたまらない！

西 ステイブラー シモキタザワ ミートサンド
☎03-3414-8775〈予約不可〉　8席

世田谷区北沢2-12-15／11:00〜20:00／無休／各線下北沢駅東口から徒歩2分

MAP

【巻末付録】

東京駅グルメ案内

【巻末付録】

東京駅グルメ案内

旅の始まりと終わりに立ち寄りたい

あらゆるグルメが集結する東京駅の押さえておきたいスポットをご紹介。

東京駅丸の内駅舎
中央 千代田区丸の内1-9-1

東京の魅力がぎゅっと詰まった東京駅。「1週間通っても飽きない」がコンセプトの東京ラーメンストリートや限定土産も揃う東京ギフトパレットなど、改札の内外に立ち寄りスポットが盛りだくさん！

MAP

GOURMET SPOT

グランスタ八重北

2022年4月に開業したフードエリア。八重北食堂、黒塀横丁、北町酒場の3つのフロアからなり、バラエティ豊かな飲食店が立ち並ぶ。

JR東京駅構内改札外／レストラン・カフェ11:00～23:00 ※一部店舗により異なる／無休

MAP

グランスタ東京

JR東日本最大級のショッピングエリア。スイーツ、お弁当、レストラン約180店舗が揃う。限定商品も多く、行列ができることも。

JR東京駅構内／8:00～22:00、日曜・祝日～21:00（祝前日は～22:00）※一部店舗により異なる／無休

MAP

東京ギフトパレット

東京ギフトパレット発の新ブランドなど38店舗が出店。スイーツ土産が多数揃い、ここでしか買えない限定商品も人気が高い。

📞 03-3210-0077 ／ JR東京駅構内改札外 東京駅一番街／9:30～20:30、土・日曜・祝日9:00～※一部店舗により異なる／無休

MAP

東京ラーメンストリート

東京駅八重洲側に広がるショップ・フードなどのエリア「東京駅一番街」にある。東京を代表するラーメンの名店が集まっている。

📞 非公開（お問い合わせはHPから）／JR東京駅構内改札外 東京駅一番街／営業時間は店舗により異なる／無休

MAP

【 巻末付録 】

駅ナカグルメを攻略

出発前に滑り込みたい話題の店

東京駅の駅ナカはまさにグルメ天国。気になる店があれば出発前に駆け込もう。

― 1 ―

SOBAP

人気店「AMAM DACOTAN」「I'm donut？」のオーナーシェフ平子さんが監修するクレープ店。店内で手作りする手のひらサイズのそば粉クレープは、シーズナルメニュー含め最大16種、スイーツ系から惣菜系までをラインナップ。

手土産用のギフトBOXも

1. 甘辛いチキンと新鮮な野菜が食欲をそそるバンバンジー 410円 2. 紫蘇の花のほのかな香りやセミドライに仕上げたフランボワーズ、レアチーズクリームを楽しめる、しそベリーレアチーズ 330円。
※内容は時期により異なる

DATA Ⓐ

中央 ソバープ

📞 03-6665-9533〈予約可〉 🪑 なし

8:00〜22:00、日曜・祝日〜21:00
（翌日が休日の場合〜22:00）／無休

MAP

230

―― 2 ――

常陸野ブルーイング
Tokyo Yaesu

ふくろうが
目印のビアバー

創業200年を超える茨城県の酒蔵「木内酒造」が手がける「常陸野ネストビール」を、工場直送の新鮮な樽生で常時12種類が味わえる。ビールに合うおつまみも充実しているのがうれしい。

1. 世界40カ国以上で親しまれている、樽生ビールレギュラー 750円〜 **2.**「常陸野ハム BARREL SMOKE」の自家製ソーセージのシュークルート 880円

 ひたちのブルーイング トウキョウヤエス
☎03-6551-2515〈予約可〉　18席

JR東京駅構内改札外 グランスタ
八重洲2F／11:00〜22:00、
日曜・祝日〜21:00／無休

MAP

―― 3 ――

dancyu食堂

グランスタ八重北1階の八重北食堂にある食堂。人気の食雑誌『dancyu』がプロデュースした店で、昼は定食、夜は呑める食堂として親しまれている。通し営業なのもありがたい。

DATA Ⓑ

 ダンチュウしょくどう
☎03-6810-0525　〈予約不可〉
24席

11:00〜23:00／無休

MAP

毎日でも食べたくなる

上品な脂の甘さが特徴の千葉県匠味豚を使用した、生姜焼き定食1580円。数種の野菜や果物のすりおろしを加えたタレが決め手になっている

【巻末付録】

東京手土産リスト

おいしさも見た目も洗練された

トレンドスイーツの発信地でもある東京駅。数ある逸品の中からおすすめを厳選！

1

あまみカオリ研究所の「MAN-MARU」セット

1850円　DATA Ⓐ
日持ち：当日中

バニラクリームとスポンジ、いちごジュレを薄いホワイトチョコで包んだベースに、いちごとピスタチオのフレーバーをのせて。ケーキのベースやトッピング、ティーの"かけ合わせ"を楽しもう。

香りを楽しむカスタムスイーツ

2

リッチで繊細な深い味わい

MAISON CACAOの「生ガトーショコラ」

1本3780円　DATA Ⓐ
日持ち：購入から冷蔵で10日

濃厚なチョコレートそのもののおいしさを味わえるよう、小麦粉不使用でチョコレート、バター、卵のみで作る数量限定の生ガトーショコラは、メゾンカカオを代表するスイーツ。

4

富士見堂の
「東京鈴せんべい 20 袋入」

1600円　DATA Ⓐ
日持ち：製造日から70日

もち米やうるち米などで作る煎餅はお米の甘みをほんのりと感じられ、リピーターも多い。東京駅の「銀の鈴」がモチーフになっており、手土産にピッタリ。

3

COCORIS の
「サンドクッキー
ヘーゼルナッツと木苺」

6個入り 1560円　DATA Ⓐ
日持ち：製造日から2カ月

ヘーゼルナッツココアペーストと木苺ペーストのそれぞれをサンドして、ベルギー産チョコでコーティングしたクッキー。

6

ピスタチオの魅力がたっぷり

PISTA & TOKYO の
「ピスタージュ」

4個入り 1728円　DATA Ⓓ
日持ち：4日間

ピスタチオバタークリームと、ローストしたピスタチオが相性抜群のサンドクッキー。薫り・コク・食感と、ピスタチオの特徴を存分に味わえる逸品。

5

テラ・セゾンの
「チーズフォンデュケーキ」

3個入り 1404円　DATA Ⓐ
日持ち：製造日から4日

ふんわり、しっとりしたチーズケーキの中にはクリームがとろり。ちょっと甘いチーズフォンデュを食べているかのような、新しい感覚のチーズケーキ。

【巻末付録】

頼れる駅チカ店

最旬グルメが豊富な駅周辺へGO！

高層ビルが立ち並ぶ八重洲や丸の内エリア。進化が止まらない駅チカグルメに注目。

―― 1 ――

使い方自由自在！

also

カフェや居酒屋が同居したパブリックスペース「ヤエスパブリック」にある人気店。夜市を再現したストリートフードが勢揃いし、台湾ビールを片手にお馴染みの台湾料理が楽しめる。

東京ミッドタウン八重洲

MAP

1. 色んなジャンルの飲食店が集まる 2. 右から時計回りに台湾唐揚げ780円、豚肉ワンタン690円、ルーローファン830円 3. 台湾屋台さながら

(東) オルソー
📞 080-4179-7948〈予約不可〉

中央区八重洲2-2-1
東京ミッドタウン八重洲 2F／
11:00〜23:00(LO22:30)／
休みは施設に準ずる／
JR東京駅地下直結
(八重洲地下街経由)

234

— 2 —

丸ごと100g!

「ミルクを食べるバター」を食べるホットケーキ 2420円

BUTTER
美瑛 放牧酪農場

北海道美瑛町のおいしさを届けるカフェ。自社牧場から直送したクリームを使い、店舗で作るできたてバターをたっぷり堪能できる。

(中央) バター びえいほうぼくらくのうじょう
☎ 03-5860-3695〈カフェは予約不可〉　28席

千代田区丸の内2-4-1
丸の内ビルディングB1F／11:00～20:00、日曜・祝日～19:00〈LO各1時間前〉／休みは施設に準ずる／JR東京駅丸の内南口から徒歩1分

丸ビ

MAP

— 3 —

THE UPPER

丸の内テラスのカジュアルなフレンチレストラン。日差しが降り注ぐルーフトップの座席で、非日常的な時間を過ごしたい。

気持ちいいテラス席

丸の内テラス

(中央) アッパー
☎ 03-5962-9909〈予約可〉　170席

千代田区丸の内1-3-4 丸の内テラス9・10F／11:00～15:30、17:30～23:00、土曜11:00～23:00、日曜11:00～22:00／休みは施設に準ずる／地下鉄大手町駅B1b・D7出口直結

MAP

約40種類のアラカルトからコースまでメニューも豊富

INDEX

北

odorat ——————————— 赤羽　24
THE HISAKA ——————— 高田馬場　137
Japanese Ramen 五感 ——— 池袋　132
創作麺工房 鳴龍 ————— 新大塚　135
兆徳 ————————————— 本駒込　115
みますのとなり ——————— 赤羽　141
目白旬香亭 ————————— 目白　215

南

あ i2 cafe ————————— 表参道　160
I'm donut？中目黒 ———— 中目黒　179
赤坂珉珉 ——————————— 乃木坂　114
麻布台 鳥しき ——————— 神谷町　20
Äta CAVE D'OCCI ———— 虎ノ門　211
AMAM DACOTAN 表参道 —— 表参道　148
ALLEY CATS ——————— 祐天寺　213
ウエスト青山ガーデン —— 乃木坂　166
Uké ————————————— 虎ノ門　22
Eme ———————————— 武蔵小山　72
おにぎり こんが 赤坂Bizタワー店 —— 赤坂　105
Orby Restaurant ———— 神谷町　28
か carbon brews tokyo —— 赤坂　143
学大おむすび マルムス — 学芸大学　104
学大ますもと Saké & Apéro —— 学芸大学　140
cask ———————————— 虎ノ門　208
café TEIEN ———————— 目黒　217
カフェテラス ポンヌフ —— 新橋　159
CRAZY PIZZA TORANOMON —— 虎ノ門　211
さ 酒食堂 虎ノ門蒸留所 —— 虎ノ門　137
STARBUCKS RESERVE®
ROASTERY TOKYO —— 中目黒　162
STAND BY Mi ————— 新橋　225
Stand Bò Bún ————— 祐天寺　124
STELLAR WORKS Restaurant & Bar

—————————— 青山一丁目　29
ソムタム ダー 虎ノ門店 — 虎ノ門　127
た dacō 中目黒 —————— 中目黒　150
立呑み中華 起率礼 ——— 自由が丘　36
鶏舎 ———————————— 池尻大橋　116
TOUMIN ————————— 乃木坂　26
鶏だしおでん さもん 中目黒店
—————————— 中目黒　93
な ナプレ 南青山本店 —— 表参道　63
neel 中目黒店 —————— 中目黒　172
にっぽんの洋食 赤坂 津つ井
—————————— 赤坂　100
NEW NEW YORK CLUB BAGEL &
SANDWICH SHOP — 麻布十番　169
は PUBLIC BAR ———— 虎ノ門　211
ハングリータイガー —— 虎ノ門　15
ハンバーグ 嘉 表参道店 — 表参道　110
più falò ————————— 虎ノ門　27
Hills House Dining 33 — 神谷町　47
Builders ————————— 虎ノ門　31
PRIME SAKE Tokyo Haneda Airport
—————————— 羽田　50
flour+water 虎ノ門 —— 虎ノ門　147
古澤亭 ——————————— 目黒　54
BOGAMARI CUCINA
MEDITERRANEA ——— 神谷町　60
BONTEMPS 中目黒店 —— 中目黒　33
ま Massif ——————— 池尻大橋　40
もつ焼きぱん 中目黒本店 – 中目黒　88
や 洋食 入舟 ————— 大森海岸　108
ら Ramen Break Beats —— 祐天寺　133
RACINES DONUT & ICE CREAM
—————————— 表参道　178
LINA STORES 表参道 —— 表参道　58
Le salon privé ———— 神谷町　46
ルーフトップ バー ——— 虎ノ門　138

東

あ 浅草今半 国際通り本店 —— 浅草　101
浅草牛光 ——————————— 浅草　101
浅草すし 浅草横町 ————— 浅草　79

─────── 月島	102
築地焼うお いし川 ─── 築地	98
teal ─────── 日本橋	183
TUTTO ─────── 清澄白河	182
特別食堂 日本橋 ─── 三越前	216
トラットリア築地パラディーゾ	
─── 築地市場	61
TORAYA GINZA ─── 銀座	42
トリコロール本店 ─── 銀座	158
とんかつ 丸七 月島店 ─── 月島	91

な nanoru namonai 人形町店
　　　　　　　　─── 人形町　145
　　生果実専門店 ASAKUSA YOROZU
　　CAFE ─── 浅草　185
　　並木藪蕎麦 ─── 浅草　14
　　日本橋お多幸本店 ─── 日本橋　92

は 八十八 浅草 ─── 浅草　177
　　BEAVER BREAD ─── 馬喰横山　149
　　Bistro yen ─── 茅場町　146
　　フーフー飯店 ─── 錦糸町　119
　　紅鶴 ─── 浅草　167
　　芳味亭 人形町本店 ─── 人形町　109
　　北海道肉巻きと琉球煮込み料理
　　でたらめ ─── 人形町　144

ま まぐろ 相馬水産 豊洲店 ─ 市場前　223
　　マリアージュ フレール 銀座本店
　　　　　　　　─── 銀座　170
　　もつ焼 のんき ─── 堀切菖蒲園　89
　　もんじゃ近どう 本店 ─── 月島　103
　　モンブラン 浅草店 ─── 浅草　110

や 八千代 ─── 市場前　96
　　ヨシカミ ─── 浅草　109

ら 理科室蒸留所 ─── 清澄白河　193
　　煉瓦亭 ─── 銀座　106

西

あ アルバージュ ─── 神楽坂　226
　　ANGELINA ─── 原宿　48
　　按田餃子 代々木上原本店
　　　　　　　　─── 代々木上原　224
　　111 CHURROS ─── 新大久保　45

浅草芙屋 たばねのし 豊洲店
　　　　　　　　─── 市場前　223
ASTERISCO ─── 八重洲　57
IBAIA ─── 東銀座　70
鰻割烹 伊豆栄 梅川亭 ─── 上野　81
うなぎの蒲の穂焼 牛タン 焼鳥 馬刺し
いづも 浅草横町 ─── 浅草　91
EVERYONEs CAFE ─── 上野　94
also ─── 八重洲　234

か 海鮮丼 大江戸 豊洲市場店
　　　　　　　　─── 市場前　90
　　海鮮バイキング いろは 豊洲
　　　　　　　　─── 市場前　222
　　CAN-PANY ─── 清澄白河　193
　　Kitade Tacos & Sake ─── 人形町　144
　　喫茶you ─── 東銀座　159
　　銀座 八五 ─── 東銀座　134
　　銀座千疋屋 銀座本店
　　フルーツパーラー ─── 銀座　174
　　KURAMAE CANNELÉ ─── 蔵前　195
　　グリルグランド ─── 浅草　110
　　コガネキッチン／黄金湯 ─── 錦糸町　221
　　駒形前川 浅草本店 ─── 浅草　80

さ 資生堂パーラー銀座本店
　　サロン・ド・カフェ ─── 銀座　174
　　香噴噴 ─── 木場　112
　　商館味坊 ─── 人形町　145
　　Single O Ryogoku Roastworks/Café
　　　　　　　　─── 両国　152
　　スターバックス リザーブ® ストア
　　銀座マロニエ通り ─── 銀座　163
　　Stage by Ethical Spirits ─── 蔵前　136
　　snaq. me stand 蔵前 ─── 蔵前　194
　　炭焼魚串 おにぎり 越後屋助五郎
　　　　　　　　─── 市場前　223
　　SOBASAY ─── 小伝馬町　83

た 大黒家天麩羅 ─── 浅草　90
　　ダンデライオン・チョコレート
　　ファクトリー＆カフェ蔵前 ─── 蔵前　194
　　築地本願寺カフェ Tsumugi
　　　　　　　　─── 築地　212
　　月島名物もんじゃ だるま 粋な店

―――――新宿 18
GH COOKIES. ――――下北沢 173
繁邦 ――――恵比寿 34
渋谷SAUNAS ――――渋谷 220
渋谷マムズタッチ ――――渋谷 33
下北六角 ――――下北沢 199
Junction ――――若林 44
終日one ――――代々木上原 161
純喫茶ジンガロ ――――中野 165
Giolitti ――――原宿 49
シンジョントッポッキ 新大久保店
――――新大久保 120
STABLER Shimokitazawa Meatstand
――――下北沢 226
ストリーム高架下 スシブヤ-渋谷 78

た Taihu Tokyo ――――飯田橋 142
タイ屋台999 下北沢店 ――――下北沢 126
台湾佐記麺線＆台湾食堂888
――――西新宿 123
台湾茶藝館 桜樺苑 ――――三軒茶屋 171
ダカフェ 恵比寿店 ――――恵比寿 169
旅する喫茶 ――――高円寺 164
churros de paris ――――新大久保 45
TREE by NAKED meiji park
――――外苑前 181
つるとんたん UDON NOODLE
Brasserie 渋谷 ――――渋谷 85
TEATRO ACCA ――――神泉 52
DEENEY'S TOKYO ――――表参道 168
鼎泰豊 新宿店 ――――新宿 122
手作り餃子の店 吉春 ――――国領 10
TOKYO MEAT酒場 東急プラザ原宿
「ハラカド」店 ――――原宿 56
Tortilla Club TORTILLERIA
――――代々木上原 191

な natuRe tokyo ――――国立競技場 66
ネパール民族料理 アーガン
――――新大久保 201

は Parklet ――――国立競技場 39
Parklet Kiosk ――――国立競技場 39
PATH ――――代々木公園 167
発酵デパートメント ――――下北沢 197

IPPUKU&MATCHA 代々木上原店
――――代々木上原 176
呉さんの台湾料理 ――――荻窪 19
VERTはなれ ――――神楽坂 43
eggslut 新宿サザンテラス店
――――新宿 168
エリックサウス 高円寺カレー＆
ビリヤニセンター ――――高円寺 128
ØC tokyo ――――代々木上原 191
OSCAR Vegan American Chinese
――――下北沢 118
Onggi ――――西荻窪 8

か 神楽坂 別亭 鳥茶屋 ――――飯田橋 84
かつお食堂 ――――渋谷 214
Café Lumiere ――――吉祥寺 184
CAMELBACK sandwich & espresso
――――代々木公園 155
旧ヤム邸 シモキタ荘 ――――下北沢 130
餃子の店 您好 ――――幡ヶ谷 115
くまちゃん温泉 おやすみ処-渋谷 185
高円寺ぬきや ――――高円寺 215
Coffee Supreme Tokyo
――――代々木公園 154
coffee & donuts haritts
――――代々木上原 178
COSMOS JUICE TOMIGAYA
――――代々木上原 180
Comme'N TOKYO ――――九品仏 149
KOMB ――――飯田橋 76

さ the TAG by 青果堂 fruitsparlor
――――原宿 49
THE 5th by SUMADORI-BAR
――――渋谷 186
THE MATCHA TOKYO
OMOTESANDO ――――表参道 177
THE ROASTERY BY NOZY
COFFEE ――――原宿 179
サルイアモール ――――代官山 74
サルシーナ ハラルフーズ
――――新大久保 202
SANZOU TOKYO ――――下北沢 131
サントリーラウンジ イーグル